音楽科授業サポートBOOKS

音楽授業で**アクティブ・ラーニング！**

子ども熱中の
鑑賞タイム

阪井 恵・酒井美恵子 著

**教科書掲載曲、アニメ曲、J-POPから
魅力的な50曲をセレクト！**

明治図書

はじめに・・・・・・・・・・・・・・・・・・・・・・・・・・・

　『音楽授業でアクティブ・ラーニング！子ども熱中の鑑賞タイム』を開いてくださいましてありがとうございます。

　いきなり質問ですが，みなさんは子ども時代にはなかった「仕事」「道具」「コミュニケーションのための仕組み」などを，いくつ思いつかれますか？けっこうあることでしょう。今後，更に社会は大きく変化していきます。予測困難な時代ともいわれます。そのような中，子どもたちが未来の担い手としての資質・能力を高め，個性豊かに社会で生きるため，「主体的・対話的で深い学び」である「アクティブ・ラーニング」を各教科等で実現することが求められています。本書では，小学校音楽科において「アクティブ・ラーニング」を推進するため，鑑賞の授業プラン50例を提案しました。

　音楽の楽しさを漠然と感じるだけでなく，授業を通してもっと興味をもってほしい。それが粘り強い「主体的な学び」を支えます。音楽と共に体を動かしたり作者のねらいを知ったりする活動で，お友達や先生とアイディアを分かち合ってほしい。その「対話的な学び」は自分一人の見方を大きく変えることでしょう。さらに音楽の聴き方・感じ方は本来とても自由なもの。既習事項や体験した活動をもとに，新しいことに気付いたり，演奏のしかたの工夫に生かしたり，音楽によるゲームや遊び，音楽の活用法を考え出したりしてほしい。それが「深い学び」というものでしょう。

　どんなに社会が変化しても，音楽が生活を明るく豊かにすることは揺るぎありません。音楽が子どもたちの一生の友達となるよう心から願い，本書をお届けします。

　最後に，本書の作成に当たり若い感性で多大なる協力をしてくださった明星大学教育学部音楽コースの学生の皆さん，魅力的な企画・構成をしてくださった明治図書の木村悠さん，広川淳志さんに御礼申し上げます。

2016年12月

阪井　恵
酒井　美恵子

本書の構成と使い方

- **(1) タイトル** 楽曲名とともに学習活動のキーワードを付けました。
- **(2) この活動で身に付く力** アクティブ・ラーニングを行う上で，何をねらいとするかが重要です。「身に付く力」としてねらいを示しました。
- **(3) 楽曲解説** いずれグローバル社会に出ていく児童たちが，幅広い音楽に出会えるよう選曲しました。低学年，中学年，高学年ごとに「スタンダードな鑑賞曲（名曲）」「日本の音楽」「世界の音楽」「アニメなどの映像の音楽」で提示してあります。解説では，楽曲の背景や特徴がとらえやすい記述を心がけています。

  「アニメなどの映像の音楽」の選曲については，著者よりも，本書をお読みになる先生方のほうが，多くの情報をお持ちでしょう。本書での扱い方を参考に，教材の発掘，開発を進めていただければ幸いです。

- **(4) 授業プラン** 「準備」と「進め方」を示しました。進め方では，アクティブ・ラーニングのポイントを網掛けにしてあります。「気付いたことや感じたことを動いたり言葉にしたり書いたりする」「お友達と意見交換する」「表現領域と関連させる」「他教科と関連させる」などの視点で示しています。

- **(5) 活動例または ワークシート** 活動例は教師や児童の想定される言葉を用いたり，イラストを付けたりして分かりやすくしました。そして，ワークシートは，拡大してそのままお使いいただけますが，ご自分のクラスに合わせて手直しもしてください。

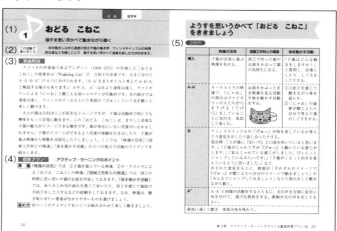

活用する上での留意点

授業をする前に，児童たちが無理なく楽しく取り組みながら，ねらいを実現できるかどうかの観点で音源や映像，ワークシート等の教材を検討し，例示されている活動を吟味してください。そして，それまでの学習経験や身に付いている力等の実態に合わせてアレンジしてください。意見交換は，ペアで／グループで／クラスで，など状況に応じて使い分け，一人一人がアクティブに参加できるようにしてください。

他教科や表現領域との関連は，担任の先生ならではの裁量を働かせ，教材の使い方，時間配分なども柔軟にお考えください。

もくじ

はじめに 2
本書の構成と使い方 3

第1章　鑑賞授業をアクティブにする授業づくりのポイント

♪ アクティブに鑑賞するとは

小学校音楽科におけるアクティブ・ラーニング 10
きこえる？　聞く？　聴く？ 10
音楽を聴くのはスキーで滑るのと似ています 11
スキルはきちんとしたロジックを踏まえたものです 12
でも！　忘れないようにしましょう 13

♪ 鑑賞の基礎知識

「長調」「短調」って何？ 14
「音色」ってどう説明する？ 15
「拍」「リズム」「拍子」の違いは？ 16
「フレーズ」って何？ 18
「音の重なり」って何？ 19

第2章　アクティブ・ラーニングでつくる鑑賞授業プラン50

【低学年】

1. 名曲　おどる　こねこ
   様子を思い浮かべて動きながら聴く 22

2. 名曲　熊蜂の飛行（熊蜂は飛ぶ）
   鍵盤ハーモニカで羽音を体験する 24

3. 名曲　組曲「動物の謝肉祭」第5曲「ぞう」
   手がかりから題名をつける 26

4	名曲	おもちゃの兵隊の行進	
		様子をイメージして歩き方を工夫する	28
5	名曲	ラデツキー行進曲	
		強弱を感じて歩いたり手拍子をして聴く	30
6	名曲	そりすべり	
		タイトルを考えたり動いたりして聴く	32
7	日本	あんたがたどこさ	
		特徴を発見し，遊び方を工夫して聴く	34
8	日本	おちゃらか ほい	
		拍の流れにのり，いろいろな速度を楽しむ	36
9	世界	こいぬのビンゴ	
		アルファベットを聴き分けて遊ぶ	38
10	世界	Head, Shoulders, Knees and Toes	
		英単語の意味を理解して聴く	40
11	世界	ロンドン橋の替え歌	
		聞き取った英単語を活用して遊ぶ	42
12	世界	サンバレレ	
		サンバのリズムではじける楽しさを味わう	44
13	アニメなど	さんぽ	
		曲の気分を感じ取り，その気分を楽器で表す	46
14	アニメなど	ドレミの歌	
		音の高さをボディサインで表して聴く	48
15	アニメなど	ひょっこりひょうたん島	
		歌詞とフレーズに合った動作を考えて動く	50

中学年

16	名曲	ピーターとおおかみ 体育科や図工科等と関連させて聴く	52
17	名曲	トランペット吹きの休日 トランペットに注目して聴く	54
18	名曲	ホルン協奏曲　第2番　第3楽章 ホルンに注目し2拍子を感じて聴く	56
19	名曲	クラリネットポルカ 繰り返す旋律に注目し，音色を味わって聴く	58
20	名曲	フルートとハープのための協奏曲　第2楽章 それぞれの楽器を聴き取って味わう	60
21	名曲	卵の殻をつけたひなどりのバレエ お気に入りを紹介する	62
22	名曲	白鳥 楽器の音色と曲想を聴き取り，音楽とバレエを味わう	64
23	名曲	剣の舞 世界中で人気のある小曲を学年に応じて聴く	66
24	日本	十五夜さんのもちつき 面白い音の出し方をみつけて紹介する	68
25	日本	汽車ごっこ 箏について知り，触れてみたい気持ちを育てる	70
26	日本	アイヌの人々の歌と踊り アイヌの人々の豊かな文化を味わう	72
27	日本	てぃんさぐぬ花 表現活動を取り入れ，沖縄の歌を味わう	74
28	世界	アリラン 拍子とリズムを感じて聴く	76

29	世界	茶色の小びん	
		体を動かしながらジャズを聴く	78
30	世界	You Are My Sunshine	
		歌いながら楽しく聴く	80
31	世界	マンボNo.5	
		一緒に歌ったりステップしたりして楽しむ	82
32	アニメなど	ミラクル銀河防衛隊のテーマ	
		曲の特徴を言語化し，動いたり歌詞の一部を唱和したりして聴く	84
33	アニメなど	ハグしちゃお	
		動いたり音楽表現したりして形式に気付いて聴く	86

高学年

34	名曲	ハンガリー舞曲第5番またはチャールダーシュ	
		曲想の変化を踏まえて聴く	88
35	名曲	威風堂々	
		体を動かしながら曲想の変化を感じて聴く	90
36	名曲	ワルキューレの騎行	
		キャラクターを表す要素に気付いて聴く	92
37	名曲	水族館	
		情景をイメージしながら聴く	94
38	名曲	市民のためのファンファーレ	
		特徴を聴き取り，音楽をつくる	96
39	名曲	テイク・ファイブ	
		5拍子を感じて聴く	98
40	日本	津軽じょんがら節	
		気に入った演奏者の表現を紹介する	100

41	日本 待ちぼうけ	
	比較聴取とラップづくりをして日本歌曲を味わう	102
42	日本 われは海の子　箱根八里	
	歌詞を味わい，ポップで紹介する	104
43	世界 サーフィンUSA	
	バックコーラス体験をし，よさを紹介する	106
44	世界 スウィート・リトル・シックスティーン　ジョニー・B・グッド	
	ヒット曲の作者に送るつもりで感想を手紙形式で書く	108
45	世界 Imagine	
	歌詞と曲想から平和を考える	110
46	アニメなど OLA!!	
	歌詞と曲想から特徴を明らかにして聴く	112
47	アニメなど 友達なのに	
	楽器の音色を聴き取るチャレンジをする	114
48	アニメなど カントリー・ロード	
	原曲とアニメのシーンを比較聴取する	116
49	アニメなど 私のお気に入り	
	原曲とジャズ・アレンジを比較聴取する	118
50	アニメなど 真田丸のテーマ曲	
	時代や人物をイメージして聴く	120
付録	おもしろ楽器クイズ＆音楽○×クイズ	123

第1章

鑑賞授業をアクティブにする授業づくりのポイント

　「ききみみ頭巾」という日本の昔話では，主人公が頭巾をかぶると不思議なことが起こります。ピーチクパーチクおしゃべりな鳥たちはもちろん，植物までもが声を交わしていました！　しかもそれらの意味が，はっきり聴き取れるではありませんか！　主人公は動植物のおしゃべりから得た情報を元手にして，幸せな人生を送るのでした。

　鑑賞の手立てをもつことは，音楽の「ききみみ頭巾」を手に入れること。頭巾をかぶらない聞き方もよいのですが，さあ，かぶって聴き取れる別世界にも踏み込んでみましょう。

アクティブに鑑賞するとは

小学校音楽科におけるアクティブ・ラーニング

　音楽科の特に表現領域については，児童が音楽表現を工夫して，思いや意図をもってお友達と一緒に歌ったり，演奏したり，音楽をつくったりすることは当たり前のように行われていて，まさしくアクティブ・ラーニングであるといえるでしょう。では，鑑賞ではいかがでしょうか。こちらも実は広くアクティブに聴くという取り組みがなされていると考えています。でも，そうは思っていない先生も多そうです。本書をお読みになり，改めてご自分の実践を振り返り，取り組みの価値を見出していただければと思います。

きこえる？　聞く？　聴く？

　音楽の授業で「鑑賞」というと，退屈だ，できればやりたくない，という思いをもっていませんか？　しかし一方ではちょっとしたスキマ時間に音楽を流しては，児童とともに気分を変えたり，身体を動かして楽しんだりすることもあるのではないでしょうか。鑑賞は，まずは気楽に，このような笑顔を交わすことのできる活動をベースに考えましょう。

　きこえる／聞く／聴くといった使い分けがあります。私たちは，物事を意識の上にのぼらせないと，心に留めることができません。確かにその場にいたのに，見たり聞いたりした覚えは全くないということはよく起こります。音（通常は空気の波）が私たちの体に確かに届いていても，私たちがそれを意識化する度合いは様々です。音やリズムは，まず私たちの無意識面に影響を及ぼします。鑑賞とは，そこから一歩踏み込み，意識して「聴く」活動，思考や判断を働かせる認知的な活動で，それ自体がアクティブ・ラーニングです！　少しの工夫で「きこえる」から「聴く」へと導くことができます。

音楽を聴くのはスキーで滑るのと似ています

　音楽を聴くことは,スキーの滑りによく似ています。スキーで滑り始めるとき,斜面について一定の見通しをもちますが,音楽を聴くときも,時間とともにそれが展開するという見通しをもちます。スキーでは,やさしい斜面を滑るのも楽しいですが,斜面にちょっとコブがあると,それを上手に越えるのはスリリングでもっと楽しいでしょう。

　コブは,音楽の場合,曲に隠れている様々な仕掛けです。ちょっとした意外な展開—例えばオシャレな和音,旋律の思いがけない動き,一瞬の無音,曲想の突然の変化など—がそれに当たります。「素敵だな」「グッとくるなあ」と感じるポイントが,斜面のコブなのです。コブの特徴をとらえ,身構えて上手に越えるのは爽快ですが,そのためには目前のコブについて滑りながら意識化し,体の使い方を調節しなければなりません。スキルが追い付かなかったりコブが難し過ぎたりすると,転倒して不快感を味わう結果になります。音楽を聴くのも同じことで,コブを上手に意識化して滑りぬけるスキ

ルがあると，とても楽しくスリリングです。繰り返し聴いても（滑っても）飽きてしまうどころか，もっと面白くなるのです。一方，音楽の作り手による様々の仕掛けが分からなかったり（スキルが追い付かなかったり），音楽自体があまりに耳慣れない意味不明のものだったり（コブが難しすぎたり）すると，退屈や不快感を味わうことになります。

スキルはきちんとしたロジックを踏まえたものです

　コブを首尾よく越えて滑るためのスキルは，雪質やコブの大きさを読み，状況に応じた体の使い方ができるスキルです。そこには，実は力学や運動生理学的なロジックがちゃんと働いているはずです。音楽でも全く同じこと。「素敵だなぁ」という心の動きが起こるためには，音楽心理学的なロジックが働いています。音の響きやその変化が，様々の記憶や運動感覚などと相俟って私たちの脳で処理されるからです。作曲家たちはそのロジックのプロで，人の心を動かすよう，面白く感じさせるよう，様々の仕掛けをしています。

教科「音楽」の鑑賞活動では，そのロジックを少しだけ指導内容として扱い，私たちが感じ取っていることの根拠に近づいてみましょう。その積み重ねで，児童は音楽を聴く面白さが分かっていきます。

でも！　忘れないようにしましょう

　とはいえ，スキーの楽しみはコブの制覇だけではありません。輝く銀世界，体に感じる風，視界の隅をかすめていく樹木など，いちいち意識化できないものすべてを含めてスキーの楽しさがあります。鑑賞も同じこと。指導内容として，意識化して扱うロジック以外に，実にたくさんの情報を私たちは受け取ります。授業では「指導内容」を絞り込んで扱い，あとは皆が笑顔を交わして音楽を好きになるように，そのために工夫をしましょう。

第1章　鑑賞授業をアクティブにする授業づくりのポイント　13

鑑賞の基礎知識

「長調」「短調」って何？

　プラン⑭の「ドレミの歌」で実験をしてみましょう。「ドはドーナツのド、レはレモンのレ」の部分は下のような音の並びです。

　この楽譜の部分で、すべての「ミ」の音を「ミのフラット」に置き換えて演奏してみましょう。曲の雰囲気がすっかり変わり、ロシア民謡のような雰囲気になります。「ミ」を使っている元々の「ドレミの歌」は長調の調子です。「ミ」を「ミのフラット」に変えたとき、この曲は短調の調子に変わりました。一般に長調は明るく、短調は哀調を帯びた感じで、こうして比較するとどちらが長調でどちらが短調か分かるでしょう？　でも１つの曲だけを聴いて「長調か短調か」を判別できる必要は全くありません。そもそも作曲家たちは、長調と短調をめまぐるしく交代させて曲を書いていることが多いのです。だから曲が単調ではなく「素敵に」なるのです。

　本書の中で例えば、㉞の「ハンガリー舞曲第５番」は、短調で始まり短調で終わりますが、中間部は長調になっています。㉒の「白鳥」は長調で始まり長調で終わりますが、途中に短調の部分がたくさんあります。さり気なくも次々と展開する調子の変化が、この曲を素敵にしているヒミツの１つです。

　Attention！　長調・短調の区別は西洋音楽のしくみに関する問題だということに留意してください。「あんたがたどこさ」や「おちゃらかほい」が長調なのか短調なのかという問いは、「ガンバ大阪は、セリーグなのかパリーグなのか」と問うようなものです。

DO-RE-MI
Lyrics by Oscar Hammerstein II / Music by Richard Rodgers
© 1959 by Richard Rodgers and Oscar Hammerstein II
Copyright Renewed
WILLIAMSON MUSIC owner of publication and allied rights throughout the world
International Copyright Secured All Rights Reserved

「音色」ってどう説明する？

 ⓰の「ピーターとおおかみ」には，幾つかの楽器が特徴を生かして登場し，音色が，登場するキャラクターそのものを彷彿とさせます。

 音色は客観的に計測する術がありませんが，大多数の人が似たように感じる根拠の主たるものは，倍音成分の含まれ方です。皆さんは，楽器で出す「ド」や「レ」は，それぞれ1つの音だと思っていませんか？ 驚きですが，その「1つの音」は無数の音のミックスです！ 音高を決める基音の周波数に加えて，同時に無数の倍音が響いているのです！ その混ざり具合，どの倍音が強いか，などが音色を決める要因です。

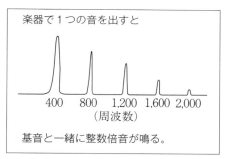

 たとえば，クラリネットとフルートの音色の違いは，構造上，クラリネットでは奇数倍音の成分が強く鳴り，フルートでは偶数倍音の成分が強く鳴ることに起因しています。

 ㉓の「剣の舞」で活躍するシロフォンは硬質な音色を響かせ，オーケストラの楽器をバックに非常に目立ちます。これも同様で，シロフォンは奇数倍音が強くなるように音板の裏側の削り方を工夫するのだそうです。マリンバとシロフォンは共に木琴の一種で同じように見えますが，マリンバは偶数倍音が強く鳴る結果，とても柔らかな音色になります。

 Let's Try！　音色を聴き分けるための重要な要因には，音の立ち上がる瞬間の音（アタック）があります。言葉の音は，「か〜」も「さ〜」も，最初の瞬間以後は同じ「あ〜」になるでしょう？ 楽器の音にも似たようなことが起こります。楽器の音を録音し，アプリを使って立ち上がりの瞬間をカットして聞いてみましょう。自信のある人も，急に聴き分けができなくなります！ 面白い実験なので，ぜひ児童と一緒に試してみてください。

「拍」「リズム」「拍子」の違いは？

　「拍」「リズム」「拍子」は，奥が深いのですが，音楽科教育では以下のようにシンプルに考え，その範囲で児童が用語を正しく使えるようにしましょう。

○ 「拍」って？

　❷の「十五夜さんのおもちつき」では，ペアを組んだ２人が

	じゅう	ごや	さん	の	おも	ちつ	き	
リズム	タン	タタ	タン	タン	タタ	タタ	タン	ウン
	とー	ん	とー	ん	とっ	てっ	た	
リズム	ター	アン	ター	アン	タン	タン	タン	ウン

と縦線の区切りを共有して動作をしていきます。この区切りは規則的な間隔でずっと続くもので，これが「拍」です。拍を共有しないと，手合せをしようにもズレてしまいますね。

　拍を大縄に例えて考えてみましょう。

　大縄を回すと，縄が地面を打つたびに，パシッ，パシッ，という規則的な音が聞こえます。これが「拍」。規則的なパルスだけど，速くしたり遅くしたりできますね！　拍は，全体として速くなったり遅くなったりします。

　でも，パシッ，パシッ，という拍をしっかりと感じ，次のパシッ，次の次のパシッ，が予測できないと，跳べません。拍を感じるって，大縄で遊ぶには，欠かせないことですね！　音楽で遊ぶのも同じです。拍を感じるって，本当にとても大事なことなんです！

◯「リズム」って？

さて「リズム」ですが，音楽科授業では，16ページの表の「（リズムの段）タン　タタ　タン　タン　タタ　タタ　タン　ウン」と書いてあるものを「リズム」と呼びます。音符で書くと，以下のようです。（●は拍です。）

♩ ♫ ♩ ♩ ♫ ♫ ♩ 𝄽 ♩‿♩ ♩‿♩ ♩ ♩ ♩ 𝄽
タン タタ タン タン タタ タタ タン ウン ターアン ターアン タン タン タン ウン

児童は音楽に使われている多様なリズムを，まねて口ずさんだり打ったりできます。でも拍を感じながらでないと，手合わせも合奏も，また上のようなリズム読みでさえも，うまくいきません。それくらい，拍は大切な基本です。

◯「拍子」って？

「拍」と「リズム」の使い方が納得されたでしょうか。ここで再び上のリズムの楽譜をご覧ください。左から右へと読み進むに当たり，区切りやまとまりが全く示されていません。見づらいし，拍を感じていても息切れしそうですね。そこで「拍子」の出番です。

Let's Try ! 　上のリズムを4拍ずつ区切って，拍を手拍子しながら読んでみましょう。　タ¹ン²タ³タ⁴タン　タ¹タ²タ³タ⁴タンウン　タ¹ーア²ンタ³ーア⁴ン　タ¹ン²タ³ン⁴タンウン　ずっと読みやすくなります。これが4拍子にのってリズムを読んだということです。まとまる4拍の最初の「タ」は自然に強調される感じになりませんか。

まとまりが2拍ごとなら2拍子。私たちが普通に歩くとき，2拍子が生まれます。4拍子（1234と感じる）は2拍子の仲間ですが，2拍子より格調高くなり，行進曲はもちろん色々の曲に使われています。まとまりが3拍ごとなら3拍子。ワルツをはじめダンスの曲に多いです。

Attention ! 　6拍子（123456と感じる）は2拍子の仲間です。❶⓳の「ホルン協奏曲」をお聴きください。6拍子の曲が2拍子のように感じられることが分かります。　㊴の「テイクファイブ」は，クールで緊張感の高い5拍子（12312と感じる）の曲。ぐっと大人っぽいですね。

「フレーズ」って何?

「ウラニワニワニワニワニワニワトリガイル」は「裏庭には二羽」「庭には二羽」「にわとりが居る」という3つの小さなフレーズに分けると意味が通ります。さらに3つの小フレーズがつながり,「裏庭には二羽,庭には二羽,にわとりが居る」というより大きなフレーズになります。「ふるさと」という歌では,「うさぎ追いしかの山」「こぶな釣りしかの川」という歌詞のフレーズがそのまま旋律のフレーズになっています。意味のまとまりを分かりやすく伝えるための,息づかいとも重なっています。

音楽のフレーズは言葉のフレーズのように一対一対応の意味がない分,音の動きによって「人の心に働きかける何か」を伝えます。㉒の「白鳥」ではチェロが,これぞフレーズ,と示すような演奏をします。この曲ではAもBもまだフレーズとは言えず,A+Bになって初めて1つのフレーズです(下楽譜)。

いわばA〔輝くように美しい白鳥が〕 B〔静かに湖面で休息しています〕のような感じです。チェリストは,これをいかにして人の心を動かすフレーズとして演奏するか,工夫と練習を重ねるのです。

> Q. フレーズって見えるものなの?
> A. う〜ん,見えませんけどね。
>   **経験や学習と大いに関係があります!**
>   幼児はフレーズ感がなくてブツ切れに歌うことが多いけれど,中学年児童なら,先生が働きかければ,フレーズを意識して,歌い方を考えられます!

「音の重なり」って何？

● 和音

1本の旋律だけ取り上げて考えれば，一瞬一瞬には1つの音（ただし前述の倍音を含んでいますが）が鳴っていることになります。しかし，そういう音楽は少数派。たとえばピアノは，和音をたやすく出せる点に，楽器として大きな魅力があります。和音とは，高さの異なる2つ以上の音が同時に響くときの合成音のこと。この言葉は正しく使いましょう。

● 旋律と伴奏

本書で紹介している大多数の曲は，複数の楽器や声が同時に鳴っているもので，瞬間ごとで切れば和音の連続です。しかし不思議なことに人はそういう聴き方をしません。前述の「白鳥」だと，楽譜にあるようなチェロの音の時間に沿った進み方（旋律）に意識のサーチライトを当てて聴きながら，伴奏しているピアノの音の動きや，チェロの音との交じり具合を何となく聞いているのです。和音を音の縦の重なりとすると，こちらは音の横方向への変化です。

このように「主たる旋律とそれを盛り立てたり支えたりする伴奏」を重ねて響かせるタイプは，私たちに最もなじみのある音楽スタイルです。旋律と伴奏はよきパートナーの関係ですが，人間のカップルの関係が多様であるのと同様，色々なタイプがあります。それを意識して聴いてみましょう。

Let's listen！　旋律と伴奏の関係は？　❶の「クラリネットポルカ」は終始一貫してクラリネットが目立ちます。社交上手で華やかな彼女（クラリネット）が歌いまくり，伴奏は，目立ちませんが安定した低音と拍の刻みで，彼女が調子を崩さないようしっかりと支えています。❸の「ぞう」ではコントラバスの主旋律は伴奏より低音で歌います。ピアノの伴奏は，初めはおとなしく彼（コントラバス）を立てていますが，途中からどんどん存在感を発揮，主旋律に乗っかって踊るような動きさえ披露しています。

○ 旋律と別の旋律

❹❽の「カントリー・ロード」の鑑賞では，この曲のいくつかのバージョンを比較して聴きます。その中でスタジオジブリ作品「耳をすませば」の名場面，主人公の雫さんが歌い，それに友達の聖司くんがバイオリンで別の旋律を絡めるバージョンを紹介しました。両者ともが主役で，それぞれ個性をいかんなく発揮しています。

本書の中ではもう１曲，❹❼の「友達なのに」も，歌声と３つの楽器がそれぞれ独自の旋律を奏で，付かず離れずの関係を保ちながら，お互いを立ててあげたり飾ってあげたりする役割も果たしています。

「カントリー・ロード」のように，主旋律（この場合は雫さんの歌）がどちらなのか明確なときは，他方を副次的な旋律あるいはオブリガート（助奏）と呼ぶこともあります。

○ 音の密度（混み具合）

１つの曲における音の混み具合というものも様々です。❸❻の「ワルキューレの騎行」を作曲したワーグナーは，幾つもの，別の動きをするパートを重ねて書く名人でした。楽譜も音符がいっぱいで黒々としています！

音の重なりのイメージ例

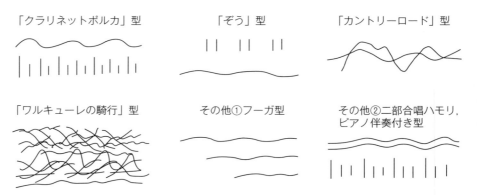

皆さんの，そして児童の「音の重なり方」イメージはどんなものでしょうか。

第2章

アクティブ・ラーニングでつくる鑑賞授業プラン50

　音楽の魅力に出会うプロセスは，音楽を聴くプロセスとともにあります。音楽ライブでもスポーツ観戦でも映画鑑賞でも読書でも，その魅力を体感するということは，展開するプロセスに知らず知らず，心身がアクティブに参加しているということです。ここでは50の曲について，児童が図らずもその心身を投入し，アクティブに参加して聴くための工夫例を提案しました。　先生方，まずは❺や❼（低学年），㉚や㉝（中学年），㊲や㊵（高学年）などから授業に組み入れてはいかがでしょうか。

名曲　低学年

おどる　こねこ
様子を思い浮かべて動きながら聴く

この活動で身に付く力　体を動かしながら速度の変化や猫の鳴き声，ウィンドホイッスルの特徴的な音などを聴くことで，様子を思い浮かべて音楽を楽しむ力が付きます。

楽曲解説

　アンダソン（アメリカ，1908-1975）の作曲した「おどる　こねこ」の原曲名は〈Waltzing Cat〉で，3拍子の音楽です。大きく分けてA-A'-B-A"の4つに分けられます。（A-A'をまとめてAと考えてA-B-A'と解説する場合もあります。）AやA'，A"はBより速度は遅く，ヴァイオリンによる「にゃお」と聴こえる短いメロディが印象的です。Bの部分では，速度は速く，ウィンドホイッスルという楽器の「ぴゅっ」という音を聴き取ると楽しく聴けます。

　大人の猫は日向ぼっこが好きなイメージですが，子猫は活動的で何にでも興味をもって活発に動きます。この「おどる　こねこ」は，まさしく活発な子猫の魅力がイメージできる傑作です。猫が身近にいない児童がいるかもしれません。子猫のイメージができるよう児童の体験を引き出したり，子猫が遊ぶ映像から特徴を言語化したりしましょう。ここでは，「映像の活用」「図画工作科との関連」「体を動かす活動」の3つの視点で活動のアイディアを紹介します。

授業プラン　　アクティブ・ラーニングのポイント

準備　「映像の活用」では，①子猫が遊んでいる映像，②オーケストラによる「おどる　こねこ」の映像。「図画工作科との関連」では，図工の時間に思い思いの猫のお面を作成しておきます。「体を動かす活動」では，あらかじめ拍の流れを感じて歩いたり，拍子を感じて強拍で手拍子をしたりするなどの経験をしておきます。なお，映像は，聴き取らせたい要素が分かりやすいものを選びましょう。

進め方　次ページのアイディアをいくつか組み合わせて楽しく聴きましょう。

ようすを思いうかべて「おどる こねこ」を聴きましょう

活動例

	映像の活用	図画工作科との関連	体を動かす活動
導入	子猫が活発に遊ぶ映像を見せる。	図工で作った紙のお面をかぶって猫の気持ちになる。	「子猫はどんな動きをしますか？」と質問し，言葉にしたり，しぐさをしたりする。
A-A'	オーケストラの映像で，「にゃお」の部分はヴァイオリンの人たちが弓を下げる「下げ弓」をしていることに気付き，真似して楽しむ。	お面をかぶったまま映像を見る活動や体を動かす活動をする。	①３拍子を感じて，聴きながら体を揺らす。 ②「にゃお」の旋律が聴こえたら自分で考えた猫のしぐさをする。
B	\multicolumn{3}{l}{ウィンドホイッスルの「ぴゅっ」が何を表しているか考えたり意見を出したり話し合ったりする。 発言例：「人が猫に『おいで』と口笛を吹いていると思います。」「子猫がじゃれて手が『ぴゅっ』と動いている感じがします。」「私もじゃれている感じがしました。ぴょんっとジャンプしているみたいです。」「子猫がくるっと向きを変えているように思いました。」など 出された意見をもとに，教師が「それぞれのイメージで『ぴゅっ』が聴こえたら自分のイメージで動きましょう。」や「みんなでジャンプしてみましょう。」などと指示をして聴きながら動く。}		
A"	A-A'と同様の活動をするとともに，犬の声を合図に安全に気を付けて，逃げる真似をする。教師が犬の声を出してもよい。		
\multicolumn{4}{l}{最後に通して聴き，楽曲全体を味わう。}			

名曲　低学年

熊蜂の飛行（熊蜂は飛ぶ）

鍵盤ハーモニカで羽音を体験する

|この活動で身に付く力| 蜂の羽音のうなりは半音進行から生み出されています。鍵盤上での「半音」の意味を，遊びながら理解することができます。

楽曲解説

　作曲家リムスキー＝コルサコフ（ロシア，1844-1908）は，物語的な想像力を絶やさない人でした。これはオペラの中の一場面，熊蜂の大群が白鳥を襲う場面に付けられている曲です。若者（本当は王子）が蜂から白鳥を救ったので，そのご褒美として美しい妃や財産を得る，という筋立てです。熊蜂の大群の羽音をリムスキー＝コルサコフは，超スピードの半音進行という手法で表しました。こんなに速いと１つ１つの音の聴き取りは不可能ですが，それが功を奏して羽音のように聞こえます。

授業プラン　　アクティブ・ラーニングのポイント

準　備　「熊蜂の飛行」の音源。鍵盤ハーモニカを１人１台。ペアで活動しやすいスペースづくり。

進め方　「熊蜂の飛行」を聴きながら，ほとんど音を出さないくらい軽く拍打ちをする。ペアを組み向かい合って曲に合わせ，手合せなどで拍打ちをする。例えば，「Aさん：左手で左ひざ・右手で相手の左ひざ，Bさん：右手で右ひざ，左手で相手の右ひざを打つ」というパターンを８拍ごと，あるいは４拍ごとに入れ替えてみると楽しい。

　鍵盤ハーモニカを使い，蜂のうるさい羽音の音型を演奏して楽しむ。下のように「Aさん：ラ→（半音上がって）シのフラット，Bさん：ラ→（半音下がって）ソのシャープ」に分かれて合わせる。どの鍵盤を起点にしても，Aさんは半音上へ，Bさんは半音下へ。鍵盤の色は関係ありません。

　ペアの相手と息を合わせ，４拍ごとに次の音へ行かれるよう指導する。

「【　　　】のひこう」を聴き，けんばんハーモニカであそびましょう

　　　　　　　　ねん　　くみ　　なまえ

1 「【　　　】のひこう」を聴いて，【　　　】の中にはなにがはいるか，当ててみましょう。

```
あなたの考え：
- - - - - - - - - - - - - - - - - - - - - - - - - - - - - - -
こたえ：
```

2 お友だちとペアになり，曲を聴きながら，拍をうつれんしゅうをしましょう。

3 きょくの中の羽音を，ペアで出してみましょう。

やってみよう！

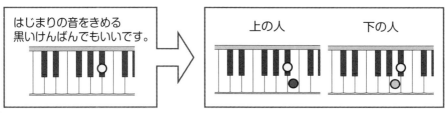

4 けんばんハーモニカで，もっと羽音らしく聞こえるようにふくことはできるかな？　考えがあったら，お友だちにつたえましょう。
　　ヒント：　　いきのつよさ　　　　タンギング　　　など。

名曲 低学年

3 組曲「動物の謝肉祭」第5曲「ぞう」
手がかりから題名をつける

この活動で身に付く力 曲に合う体の動きや気分を意識化し，音楽の感じを表現する語彙を増やすことができます。

楽曲解説

　サン＝サーンス（フランス，1835-1921）作曲の組曲「動物の謝肉祭」の中の第5曲です。この組曲では，13の動物が次々に登場するのですが，その中には「ピアニスト」や「化石」という動物もいます。よく知られた子どもの歌や他の作曲家の曲を少しずつ挿入していて，遊び心満載です。ゲラゲラ笑いながら作ったのではないかと思われます。

　「ぞう」は，最も大きく最も小回りの利かない楽器 コントラバスと，ピアノ伴奏です。しかし音楽としてはワルツ（3拍子のダンス曲）で，「アレグロ（快速に）ポンポーソ（華やかに）」という指示を出しているばかりか，他の作曲家が妖精の軽やかなワルツとして書いた旋律を借りています。このユーモアを先生が面白がって，児童への指導に生かしてほしいです。A-B-A'形式で，A'の部分では旋律自体はAと同じですが，ピアノの伴奏に変化が見られます。

　コントラバスは，クラシック以外では楽器名も「ベース」と呼ばれ，弦をはじく奏法が主流ですが，この曲では弓で弦を擦る奏法です。

授業プラン　　アクティブ・ラーニングのポイント

準 備　「動物の謝肉祭」より第5曲「ぞう」の音源。動き回れるスペース。コントラバスを演奏している映像，写真など。

進め方　「ぞう」のはじめの部分を聴き，楽器あてクイズをする。大きな楽器だというイメージができるとよい。曲を聴きながら，合わせて歩く。先生も一緒に何種類かの歩き方を試したり，首をかしげたり，演技する。着席し，曲を反復聴取しながら，右ページ3番にチェックを入れたり，印象を言語化したりする。それを参考に曲の題名を考え，伝え合う。

何の曲？　どんなかんじの曲か考えてみましょう

　　　　　　　ねん　　くみ　　なまえ

1 いちばんはじめに聞こえてくる楽器はなんでしょう？
ヒント：大きい／けんばんハーモニカとにている

2 そのあとに入ってきて，せんりつをうたう楽器はア，イ，ウのどれでしょう？

　　　　　ア　　　　　　　　　　イ　　　　　　　　　　ウ

3 曲を聴きながら，合わせて歩いてみましょう。どんな歩きかたになりましたか？　あてはまるものに☑してください。

- □小さなほはばで　　□ふつうのほはばで　□大きなほはばで
- □チョコチョコチョコと　□スイスイスイと　□ケンケンパと
- □ゆったりと　□あわただしく　□どっしりと　□かろやかに
- □はやく　　□ふつうのはやさで　　　　□おそく

4 この曲にだいめいをつけてください。お友だちに，どうしてそのだいめいにしたか，りゆうをつたえましょう。

あなたのつけただいめい	

　　　　　★ほんとうのだいめいは，先生におしえてもらいましょう。

名曲　低学年

おもちゃの兵隊の行進

様子をイメージして歩き方を工夫する

| この活動で身に付く力 | 音楽の雰囲気を感じて歩き方を工夫することを通し，具体的なイメージを思い描く想像力を育みます。 |

楽曲解説

イエッセル（ドイツ，1871-1942）作曲。ドイツ語の原題は「鉛の兵隊のパレード」ですが，日本では古くから「おもちゃの兵隊の観兵式」という題で紹介されています。「イエッセル　おもちゃの兵隊」で検索しましょう。

曲の仕組みは，易しくて分かりやすいです。

	曲の仕組み	小節数	ここに注目
始め	「始まるよ〜」と注意を引く短いふし	4	ファンファーレ風
	Aの主題（8小節）×2回	16	繰り返しのとき，楽器や強弱はどうなるか？
	途中，別のふしが出てくる	14	トランペットの華やかな音色
	再びAの主題（8小節）×2	16	
なか	「曲想がかわるよ〜」と注意を引く短いふし	4	
	Bの主題（8小節）×4回	32	
	途中，別のふしが出てくる	10	トロンボーンの低音のふし
	再びBの主題（8小節）×2回	16	
終わり	再び「始まるよ〜」と注意を引く短いふし	4	ファンファーレ風
	再びAの主題（8小節）×2回	16	
	終結部：何が起こったでしょう！？児童といっしょに考えてみましょう。	8	フォルテ，半音階で音がおりてくる，ジャン！

授業プラン　　アクティブ・ラーニングのポイント

準備　イエッセル作曲「おもちゃの兵隊の行進」の音源。動けるスペース。

進め方　「始まるよ〜」とAの主題2回のところまで聴き，曲の印象や聴いたことがあるなど発言する。同じところまで繰り返して聴き，主題を口ずさむ。「始め」を繰り返して聴き（児童の実態により「始め」と「なか」まで扱う），生活班でどのように工夫して歩くか相談したのち，工夫して歩きながら聴く。十分楽しんだあとに通して聴き，最後のできごとを考えて発表する。

おもちゃの兵隊の行進
どんな行進でしょう？　何がおこったでしょう？

ねん　　くみ　　なまえ

1 「おもちゃの兵隊の行進」を聴きながら，しゅだいのふしを口ずさんでみましょう。

しゅだいのふし
をおぼえてね

2 こんどは，グループのお友だちとそうだんして，「おもちゃの兵隊の行進」に合う歩きかたをくふうしてみましょう。

＊はなしあってみましょう＊　下のヒントを見てね！
歩きはじめるのは，どこからにしますか？
① はじまるよ～ のふしから　　② しゅだいのふし のところから
グループのみんなは，同じおもちゃの兵隊？　みんなちがっている？
①ぜんいんが同じ　②一人一人ちがう　③（　　　）人ずつ同じ
何か手にもっている？　（　　　　　　　　　　）
どんな歩きかたをする？ （　　　　　　　　　　　　　　　）

3 いちばんさいごは，なにがおこったと思いますか？　考えを書きましょう。

5 ラデツキー行進曲

名曲　低学年

強弱を感じて歩いたり手拍子をして聴く

この活動で身に付く力　強弱を感じ取りながら拍の流れにのって聴く力が付きます。

楽曲解説

　「ラデツキー行進曲」はオーストリアの作曲家ヨハン・シュトラウス（父）（1804-1849）の作品です。大変人気のあった作曲家でワルツや行進曲などを多く作曲しています。この「ラデツキー行進曲」が作られたのは1848年ですが，ヨーロッパでは各地で「1848年革命」が起こりました。そして，イタリアの1848年の独立運動を制圧したオーストリア軍のラデツキー将軍をたたえるために作られた行進曲です。A-B-Aの3つの部分からなり，下記の楽譜でも分かるように強弱の変化が大きい曲です。強弱に気を付けて，歩いたり手拍子をしたりして楽しみます。

　ウィーン・フィルハーモニー管弦楽団のニューイヤーコンサートは，シュトラウス一家の作品を中心に演奏しますが，ラストにこの「ラデツキー行進曲」が演奏され，聴衆も手拍子で参加します。

〈A-B-AのうちAとB（Trio※）の冒頭〉

※ TrioとはA-B-Aでできている行進曲などの中間部分をいいます。

授業プラン　　アクティブ・ラーニングのポイント

準備　「ラデツキー行進曲」の音源，指揮者が観客に手拍子を求めているニューイヤーコンサートのような映像。

進め方　次の活動例のように，曲の強弱に応じて，強いところは力強く，弱いところは動きも小さく歩いたり，教師の指示でCDを聴きながら大きな音で手拍子をしたり小さな音で手拍子をしたりする。

強弱を感じて歩いたり手拍子をしたりして聴きましょう

活動例

導入	「ラデツキー行進曲」のCDを聴き，初発の感想を発言する。教師は発言を肯定的に受け止めながら，その中から強弱に関する発言を取り上げ，「強いところと弱いところに気を付けて歩いたり手拍子をしたりして聴く」ことを伝える。
強弱に気を付けて歩きながら聴く	自由に歩けるスペースの中で，拍の流れにのって歩く。その際に，強いときには力強く，弱いときにはやわらかい動きで歩く。  強い部分で腕を大きく振ったり，足を高く上げながら元気に歩く様子の児童がいたら真似したり，弱い部分で身体をかがめるなどしてやわらかく歩く児童がいたら真似するなど，強弱に応じた工夫をして楽しむ。
教師の指揮で手拍子をしながら聴く	聴衆が手拍子で参加している映像を見て，指揮者の指示で手拍子を大きくしたり小さくしたり，手拍子をしなかったりする様子に気付く。 音源を流しながら，教師が指揮者役になって，強弱に合わせて大きく叩くところ，小さく叩くところ，心の中で拍を刻むところなどを指示して手拍子をしながら聴くことを楽しむ。 

名曲　低学年

6 そりすべり
タイトルを考えたり動いたりして聴く

この活動で身に付く力　楽器や繰り返される旋律などに着目しながら，音楽を聴く力が付きます。

楽曲解説

「そりすべり（Sleigh Ride）」は「おどるこねこ」と同じアンダソンの作品です。アンダソンはハーバード大学のある米国マサチューセッツ州ケンブリッジに生まれました。ハーバード大学大学院を修了した方でもあります。このアンダソンの住んでいたあたりの冬は雪が多く，馬そりレースがさかんです。曲はオーケストラによる原曲の他，吹奏楽編成でもよく演奏されます。A-B-A'の3部形式です。そしていずれも次のような特徴があります。

スレイベル 　聴こえてくる鈴の音の楽器です。 「スレイ」は曲名にもある「そり」です。	**ウッドブロック** 　馬のひづめの音を出しています。細かいリズムがあるので，台に乗せて叩きます。
スラップスティック 　ムチの音を出します。 「スラップ」は「パシッ」という音を表しています。	**トランペット（ハーフバルブ）** 　最後の馬のいななきはトランペットです。ピストンを半押しにするハーフバルブという奏法です。

授業プラン　　アクティブ・ラーニングのポイント

準備　「そりすべり」の音源と映像。そりすべりがイメージできる絵などの掲示物。教室内を自由に歩けるように安全な環境にしておく。

進め方　歩きながら聴くとイメージがわきやすいので，ここでは「そりすべり」を聴きながら拍の流れにのって歩く。そして，気付いたことや感じたことを児童が自由に発言する。発言から曲の特徴を共有する。A-B-A'それぞれにタイトルを付け，どのような感じで歩くかを考えて，楽しく歩きながら聴く。冬に聴きたい曲である。

ようすを思いうかべて「そりすべり」を聴きましょう

活動例

	活動例
導入	教師：「今日は冬にぴったりの『そりすべり』という曲を聴きますよ。曲に合わせて歩きましょう。聴いて気付いたことや感じたことを教えてください。」（絵などを提示） 児童は「そりすべり」を聴きながら，拍の流れにのって歩く。
Aを聴く	（前奏に続き，「タッタッタカタ」のリズムが特徴的な部分①と，それとは異なる曲想の②，そしてまた①が出てくる部分） 発言例：「シャンシャンシャンシャンと鈴がなっていました。」「クリスマスみたいな感じがしました。」「楽しい感じがしました。」
Bを聴く	（ウッドブロックの音とムチの音が出てくるところとなめらかな曲想のところが交互に出てくる部分） 発言例：「カポカポという音が馬の足音みたいでした。」「パシンという音がしました。」「馬を叩いているなら痛そうだと思いました。（教師：音だけで励ましているから大丈夫ですよ）」など
A'を聴く	（ジャズ風の感じでAが再現される。最後は「タッタッタカタ」の短いメロディが繰り返され，馬のいななきが聴こえる部分） 発言例：「はじめと似ているけれど，もっとはずんだ感じがしました。」「終わるかと思ったら，タッタッタカタが何度も出てきて，ブレーキをかけているのかな？」「馬が『着いた！』と喜んでいる感じがしました。」など

　A-B-A'にクラスみんなでタイトルを付ける。例：A「プレゼントをとどけに，さあそりで行こう！」B「みんながまっている，頑張ろうね！」A'「まちが見えるよ！わくわく！そしてとうちゃく！」など。
　曲想やタイトルを手掛かりにどのような感じで動くかを考えて，音楽を聴きながら歩いたりスキップしたりする。

日　本　　低学年

あんたがたどこさ

特徴を発見し，遊び方を工夫して聴く

この活動で身に付く力　遊びを通して体の不必要な力を抜き，変拍子（4拍子→2拍子→3拍子と目まぐるしく拍子がかわる）にも柔軟に対応する力が身に付きます。

楽曲解説

　この曲のようなダイナミックな変拍子の遊び歌は，日本では他にありません。起源は不明ですが，学界では最近，スペインにそっくりなリズムがあるので，これは南蛮渡来の遊びではないかという説が出ています。現在の歌詞は，埼玉の仙波山（せんばやま）にきていた熊本－船場（せんば）の兵隊と，仙波の子どもたちのやり取り……「センバつながり」がユーモラスです。「このセリフは誰が言っているの？」と考えてみましょう。音域が狭くて歌いやすいので，かなり激しい動きをしながらでも歌えます。昔の子どもは毬つき歌として，「さ」のタイミングで毬を足くぐりさせて遊びました。「あんた」「おって」「くって」「うって」などは，はずんだ ♪♫ のリズムです。横方向のギャロップにもぴったり合います。

授業プラン　　アクティブ・ラーニングのポイント

準備　「あんたがたどこさ」の音源。拡大した歌詞。気持ちよく動けるオープンスペース。必要に応じて，木琴のマレットなどを人数分。

進め方　歌詞の意味を伝え，発話者は誰かを考えさせる。歌を覚えながら，「さ」のところで手拍子などする。歌を歌えるようになったら，単純な遊び方で楽しむ。例1：【タッチ】グループで輪になり，「さ」のタイミングで右隣の人にタッチする。例2：【マレット回し】マレットなどを1人1本自分の前に置き，「さ」のタイミングで隣の人の前にずらす。児童はいろいろな遊び方を考える。「花いちもんめ」のように対面の列で前進（問い）―後退（答え）遊びもできる。輪になって内側を向き，ギャロップで「(左へ) あんたがたどこさ　(右へ) 肥後さ…」のように遊ぶと，♪♫ のリズムが体で確かめられる。

「あんたがたどこさ」の遊び方を発明しましょう

　　　　　　ねん　　くみ　　なまえ

1 「あんたがたどこさ」を聴きましょう。歌詞に何回も出てくる「おんせつ」があります。つぎのどれでしょうか。

2 何回出てきましたか。　（　　　回）

3 「あんたがたどこさ」の歌をおぼえましょう。
歌いながら，「さ」のところで手びょうしをしたり，お友だちと手合わせをしたりしましょう。

4 みんなでわになり，よこのギャロップであそびましょう。「さ」で方向をかえましょう。

5 「あんたがたどこさ」の遊び方を，発明しましょう。おもしろい遊び方を考えたら，ウェブ上で全国のお友だちに教えてあげてはどうでしょう？

| 日 本 | 低学年 |

8 おちゃらか ほい

拍の流れにのり，いろいろな速度を楽しむ

この活動で身に付く力　親しんだ「おちゃらか ほい」で，いろいろな速度の2拍子系の音楽に合わせて遊ぶことで，拍を聴き分け，拍の流れにのる力を付けます。

楽曲解説

2拍子系の音楽の速度をとらえて，「おちゃらか ほい」の遊びをする活動です。例えば久石譲作曲「さんぽ」，アンダソン作曲「サンドペーパーバレエ」，ヨハン・シュトラウス(父)作曲「ラデツキー行進曲」，バリー・グレイ作曲「サンダーバード」などのすでに鑑賞した楽曲を選ぶとよいでしょう。

〈発展〉

ピアノを演奏しながら児童の様子を見ることができれば，教師がピアノ演奏で速度や強弱を変化させて，それに合わせて体を動かす活動ができます。

授業プラン　　アクティブ・ラーニングのポイント

準 備　「おちゃらか ほい」を歌いながら遊べるようにしておく。既習曲で，2拍子系の速度の異なる楽曲の音源。

進め方　復習として，「おちゃらか ほい」の遊びをする。次に，「サイレント・シンギング」でお友達とアイコンタクトや体の動きだけで気持ちをあわせて「おちゃらか ほい」を楽しむ。既習曲を聴いて，拍の流れに合わせて手拍子をする。その曲に合わせて，「サイレント・シンギング」で「おちゃらか ほい」をして楽しむ。いろいろな速度の曲で「おちゃらか ほい」を楽しむ。速度の速い曲と遅い曲のどちらが楽しかったかを理由を添えて発言する。

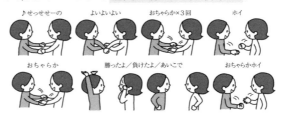

〈おちゃらか ほい〉の動き

「おちゃらか ほい」でいろいろな速さを楽しみましょう

> 活動例

導入	教師：「おちゃらか ほい」で遊びましょう。（遊ぶ） 教師：楽しく遊べました。今後は声を出さないで，心の中で歌いながら，遊んでみましょう。よく目や手や体の動きで合図をしながらやってみましょう。（「サイレント・シンギング」で遊ぶ） 教師：気持ちを合わせてよくできました。
拍の流れをとらえる	例：「ラデツキー行進曲」 教師：それでは，これから音楽を流しますので，音楽に合わせて手拍子をしてみましょう。 （音楽を流し，児童が手拍子をできるか確認する。もし迷うようだったら教師が拍の流れにのって手拍子をし，児童に真似させる） 教師：前に強いところと弱いところに気を付けて手拍子をした「ラデツキー行進曲」ですね。この曲にあわせて，声を出さない「おちゃらか ほい」をして遊びましょう。（「ラデツキー行進曲」の拍の流れにのって「おちゃらか ほい」をする）
速度の異なる音楽で楽しむ	例：「サンドペーパーバレエ」 教師：この曲も手拍子をしてみましょう。さっきより速いですか？ 遅いですか？（児童の「速い」を引き出す） 教師：それではこの「サンドペーパーバレエ」でも声を出さずに遊びましょう。ダンスをしているように拍にのって遊びましょう。
まとめ	教師：「ラデツキー行進曲」と「サンドペーパーバレエ」のどちらが楽しかったですか？ 感想を聞かせてください。（児童が楽しかった理由と共にどちらかの曲を言う）

| 世界 | 低学年 |

こいぬのビンゴ

アルファベットを聴き分けて遊ぶ

この活動で身に付く力　「タンタンタタタン」のリズムに乗って体のいろいろなところを叩きながら、英語の歌詞から「B」「I」「N」「G」「O」を聴き分けます。

楽曲解説

　アメリカの遊び歌である「小犬のビンゴ」は、「B」「I」「N」「G」「O」の例えば「B」で手拍子をして、他は歌うというように遊びます。英会話教室の「Super Simple Learning」がYouTubeで児童が取り組みやすい速度の分かりやすい映像を公開しています。映像を見ながら、遊び方を知り、拍の流れにのって遊びます。「ビンゴ　スーパーシンプルソング」でキーワード検索をするとヒットします。（URL　https://www.youtube.com/watch?v=9mmF8zOlh_g）

授業プラン　　アクティブ・ラーニングのポイント

準　備　上記教材が視聴できる機材。教師が英語で歌えるようにしておく。

進め方　「ビンゴ」が何の名前かを考えながら、英語の映像を視聴する。犬の名前ということが分かったところで、映像で遊び方を知る。映像と一緒に遊べるように、「B-I-N-G-O」のところを歌って覚える。映像と一緒に遊ぶ。映像を用いず、教師の英語の歌と児童の「B-I-N-G-O」の部分の歌唱でいろいろな遊び方を考えて楽しむ。

英語で「こいぬのビンゴ」を楽しみましょう

活動例

導入	「ビンゴ」という歌を英語で聴くことを知る。映像を見て，「ビンゴ」は何の名前かを考える。
遊び方理解	犬の名前ということが分かったところで，映像を見て，遊び方を知る。
遊び体験	「B-I-N-G-O」のところは一緒に歌えるように何度か練習をし，映像に合わせて一緒に遊ぶ。
遊び方をいろいろ考えて楽しむ	例：映像で紹介されていない活動をして楽しむ （自分の肩を自分で叩く）　B I N G O （右隣の友達の肩を叩く）　B I N G O （左隣の友達の肩を叩く）　B I N G O （高いところで手拍子）　B I N G O （好きなところを叩く）　B I N G O 例：みんなで活動と叩くところを考えて楽しむ B I N G O 　（頭）　（お尻） B I N G O 　　　　（手）\(˚o˚)/

第2章　アクティブ・ラーニングでつくる鑑賞授業プラン50

| 世界 | 低学年 |

Head, Shoulders, Knees and Toes
英単語の意味を理解して聴く

この活動で身に付く力　体の部分を英語で学び，拍の流れにのって体を動かすことで，繰り返したり速度を速くしたりする楽しさを味わいます。

楽曲解説

　体の部分を英語で学ぶ遊び歌である，「Head, Shoulders, Knees and Toes」で，「頭」「肩」「ひざ」「つま先」「目」「耳」「口」「鼻」の8種類の単語を覚えて，体を動かしながら，繰り返したり，どんどん速度を速めたりして音楽を楽しみます。「BINGO」の時に紹介した，英会話教室の「Super Simple Learning」がYouTubeで「単語を知る→ゆっくり歌う→だんだん速くして歌う」という映像を公開していますので，活用するとよいでしょう。「head　スーパーシンプルソング」でキーワード検索するとヒットします。
（URL https://www.youtube.com/watch?v=D3Vpnkwjblc）

授業プラン　　アクティブ・ラーニングのポイント

準備　上記の映像。教師が体を動かしながら英語で歌えるようにしておく。
進め方　映像を見て，取り上げられている体の部分を考え発言する。体の部分を英語で覚え，歌いながら動いて何度も繰り返し楽しむ。映像を使わないで速度を変えて楽しむ。

「あたま・かた・ひざ・つまさき」を英語で楽しみましょう

活動例

導入	「これからビデオを見ます。英語で，体のどこを歌っているか考えながら見ましょう。」「あとから発表してもらいますから，ビデオを見ながら声を出さないようにしましょうね。」
映像を視聴して	映像を視聴して，児童の発言から，「head（頭）」「shoulders（肩）」「knees（ひざ）」「toes（つま先）」「eyes（目）」「ears（耳）」「mouth（口）」「nose（鼻）」が出てくることを確認する。その際，教師はしぐさをしながら発音，児童もしぐさと発音を真似する。 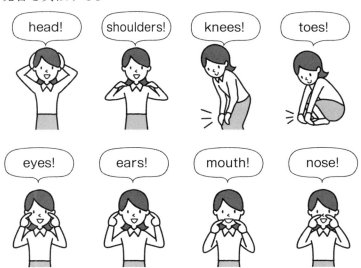 　教師がするしぐさだけで，児童が英語で言えるようになったら，映像と一緒に歌いながら動いて楽しむ。 　はじめは，ゆっくりのバージョンで慣れてから，速度が速くなる映像と一緒に楽しむ。
映像なしで	映像なしで歌いながら体を動かして何度も楽しむ。

ロンドン橋の替え歌

世界 / 低学年

聞き取った英単語を活用して遊ぶ

この活動で身に付く力　既習曲「ロンドン橋」と既習事項の体の部分の英単語を聴き取り，拍の流れにのって体を動かしながら，替え歌を工夫して楽しみます。

楽曲解説

プラン❿の「Head, Shoulders, Knees and Toes」で学んだ体の部分8種類（「head（頭）」「shoulders（肩）」「knees（ひざ）」「toes（つま先）」「eyes（目）」「ears（耳）」「mouth（口）」「nose（鼻）」）を英語で分かるようにし，「ロンドン橋」を日本語で歌ったり歌いながら遊んだりした後に楽しむ活動です。

授業プラン　　アクティブ・ラーニングのポイント

準備　「ロンドン橋」を日本語で歌いながら動いて遊ぶ経験をしておく。❿「Head, Shoulders, Knees and Toes」で8種類の体の部分を英語で分かるようにしておく。

進め方　教師が，「ロンドン橋」のメロディで動作を付けながら下記を歌い，児童は気付いたことを発言する。（発言例：「ロンドン橋と同じメロディだけど，歌詞が違う。」「前に習った英語が出てくる。」など）児童が動きを付けて歌えるようになったら，生活班で替え歌を作って発表して楽しむ。

「ロンドン橋の替え歌」で英語の歌を楽しみましょう

活動例

導入	「これから私が体を動かしながら歌を歌うので，あとから気付いたことを言ってください」と教師が言い，「ロンドン橋」のメロディで，「Head, Shoulders, Knees and Toes」を歌う。児童はそれを見て，気付いたことを発言する。
歌唱を楽しむ	復習として，教師が「head（頭）」「shoulders（肩）」「knees（ひざ）」「toes（つま先）」「eyes（目）」「ears（耳）」「nose（鼻）」「mouth（口）」のしぐさをし，児童がしぐさを真似ながら発音をする。その際，歌詞の順番で行うとよい。 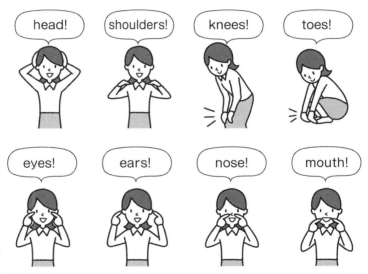 歌えるようになったら，何度も楽しむ。
単語を入れ替えて楽しむ	児童が生活班で「head（頭）」「shoulders（肩）」「knees（ひざ）」「toes（つま先）」を自由に組み合わせて，しぐさとともに替え歌を考え，発表する。その際，最後の「Eyes, ears, nose and mouth」は変えないこととし，発表の際，最後の部分はクラス全員で動きながら歌ってクラスの一体感をもちながら楽しむ。

| 世界 | 低学年 |

サンバレレ

サンバのリズムではじける楽しさを味わう

この活動で身に付く力 ラテン系打楽器の音色とリズムに親しみ，ノって体を動かしながら，リズムパターンが覚えられます。

楽曲解説

「サンバレレ」は，ブラジルでは誰でも知っているポピュラーな歌ですが，ブラジルの人々はこのような単純な旋律に華やかなリズムと動きを加え，魔法のようにノリノリワールドを実現します。「サンバレレ（Samba Lelê）」は，Galinha Pintadinha（ガリーニャ・ピンタディーニャ）のサイトでSambalelê を検索すると出てくる映像がおすすめです。ポルトガル語は分からずとも，「サンバ！　サンバ！　サンバオレレ！　サンバ！　サンバ！　サンバオララ！」とリフレインを叫び，リズムを加えて思い切り踊りましょう。歌はサンバレレという男の子が，可愛い女の子にいろいろ言ってみるけれど，結局ふられてしまう顛末を歌詞にしています。

授業プラン　　アクティブ・ラーニングのポイント

準　備 Sambalelê の音源・映像。児童が手に持てる，残響の短いキレのよい音の打楽器。例えば，アゴゴベル，マラカス，ギロ。トライアングルなら握って，響かせずに使う。空き缶や食器や箱なども大いに活用する。

進め方 Sambalelê の音源や映像と一緒にリフレインを歌う。サンバ！　サンバ！　サンバオレレ！　では男子，サンバ！　サンバ！　サンバオララ！　では女子が，交代で立ち上がるなどの活動も楽しい。サンバのリズムは口で言うだけでもよい。1と2に分かれると楽しい。

| 1 | シャ | カ | シャ | カ | シャ | カ | シャ | カ | シャ | カ | シャ | カ |
| 2 | コ | ン | チ | コ | コ | ン | チ | コ | コ | ン | チ | コ |

右ページのシャカシャカとコンチコは上表のように対応する。このリズムにこだわらなくてよい。雰囲気が分かったら，「サンバレレ」を踊る，リズムを入れる，リフレインを歌う，など自由に即興的に楽しむ。

レッツ　サンバ！
思いきりはじけましょう！

　　　　　　　　　ねん　　くみ　　なまえ

1 「サンバレレ」を聴いてせんりつをおぼえましょう。これはブラジルの歌（おどりながら歌う歌）です。

ことばは　　　　　　　　　　　　　　　　　　　　　ご　です。

2 歌を聴きながら，いっしょに「サンバ！　サンバ！　サンバオレレ！　サンバ！　サンバ！　サンバオララ！」のところを歌いましょう。すきなように体もうごかしましょう！

3 サンバのリズムをおぼえましょう。サンバのリズムは
２つのおまじないでおぼえよう！

① シャカシャカシャカシャカ　シャカシャカシャカシャカ

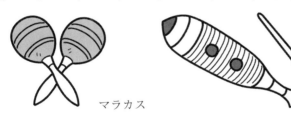

　　　　　マラカス　　　　　　　　　　　ギロ　　に合います。

② コンチコ　コンチコ　コンチコ　コンチコ

　　　　ウッドブロック　　　　　　　アゴゴ　　に合います。

２つのおまじないがカンペキになったら，「サンバレレ」をききながら，すきなほうのおまじないを言ってみましょう。

4 「サンバレレ」を聴きながら，自由におどったり，「サンバ！　サンバ！　サンバオレレ！　サンバ！　サンバ！　サンバオララ！」を歌ったり，すきなリズムをたたいたり言ったりしてね！　べつのおまじないもはつめいしてね！

さんぽ

曲の気分を感じ取り，その気分を楽器で表す

| この活動で身に付く力 | 「さんぽ」の構成を聴き取り，身に付いた鍵盤ハーモニカの技能を用いて，みんなで言葉にした曲の気分で一部を演奏します。 |

楽曲解説

　スタジオジブリ作品の「となりのトトロ」からオープニングテーマ曲である中川李枝子作詞，久石譲作曲「さんぽ」を教材とします。「さんぽ」は歌詞の明るさ，スキップするかのような楽しい音楽で広く親しまれています。学校でも歌唱教材や器楽教材，手話や歩くなどの動きを伴う教材として，たいへん好まれている音楽です。ここでは，オープニングテーマ曲の流れる映像を見て曲の気分を言葉にし，鍵盤ハーモニカでその気持ちを表現します。

授業プラン　　アクティブ・ラーニングのポイント

準備　鍵盤ハーモニカで右手の１，２，３，４の指を順番に使う経験をしておく。「さんぽ」を歌唱教材として歌えるようにしておく。「となりのトトロ」のオープニングの映像。（「さんぽ」は３番まで歌詞があるが，オープニング映像は１番と３番のみ）ハ長調の音源。（教育芸術社と教育出版の１年生用表現のCDはいずれもハ長調であるが，映画のオープニングと教育芸術社の鑑賞CDはハ長調から嬰ハ長調に転調しているので留意を）

進め方　復習として，「さんぽ」を歌う。オープニングテーマの映像を見ながら，拍の流れにのって，人差し指と中指で机の上や自分の腕などを歩くように動かして視聴する。その後，「さんぽ」の気分を考えて，発言する。（例：「楽しい気分」「メイちゃんを虫や小さいトトロが追いかけているから，メイちゃんが好きという気分」「音楽に合わせて歩くのが嬉しいという気分」など）曲の気分を共有したところで，その気分で歩きながら聴く。歌いながら歩いてもよい。その後，鍵盤ハーモニカで，歌の最後の「ソッソソラッ，シッ，ドー」のところを，高さを選び曲の気分をふまえて，音源を聴きながら，タイミングよく弾く。

曲の気分を感じ取って、「さんぽ」を楽しみましょう

活動例

	活動例
導入	教師：「さんぽ」の歌を覚えていますか？　みんなで歌ってみましょう。（歌う） 教師：上手に歌えましたね。これは「となりのトトロ」というアニメの音楽です。
オープニングテーマ曲の場面	教師：どんな気分の曲か考えながら見ましょう。指で机や腕の上を歩きながら見ましょう。 児童：（指で拍の流れにのって歩く真似をしながらオープニング場面を見る。その後、曲の気分を発言する）
歩きながら聴く	教師：みんな曲の気分をよく考えることができました。その気持ちで歩きながら聴きましょう。歌いながら歩いてもよいですよ。（音源を聴きながら歩く）
聴きながら鍵盤ハーモニカで一部を演奏する	教師：それでは、1番の「くだりみち」、2番の「まがりみち」、3番の「うれしいな」のところを、楽しい気分で鍵盤ハーモニカを弾いてみましょう。 教師：「ソッソラッ、シッ、ドー」は3か所で弾くことができます。（教師が範奏し、児童が真似をする）自分で一番曲の気分に合うと思う高さで弾きましょう。 教師：歌を聴きながら、楽しい気分で、「ソッソラッ、シッ、ドー」を弾きましょう。3番の「うれしいな」は2回ありますよ。合計4回弾くところがありますから、いろいろ変えてもよいし、いつも同じ高さでもよいです。（聴きながらタイミングよく①②③を選んで弾く）

アニメなど　低学年

14 ドレミの歌

音の高さをボディサインで表して聴く

この活動で身に付く力　歌唱との関連を図り，「ドレミの歌」の場面を，ボディサインしながら見て，拍の流れにノって聴いたり，楽しさを言葉にしたりする力を付けます。

楽曲解説

　1965年度アカデミー賞5部門（作品，監督，音響，編集，編曲）受賞の「サウンド・オブ・ミュージック」は名曲がたくさん歌われているミュージカル映画です。その中から，主人公のマリアが子どもたちに歌を最初に教える時の音楽である「ドレミの歌」のシーンを，体を動かしながら視聴して楽しみます。YouTubeで「20世紀フォックスホームエンターテイメント」が「サウンド・オブ・ミュージック」制作50周年記念吹き替え版（歌：平原綾香）を公開しています。「サウンドオブミュージック　平原綾香」で検索すると上位でヒットします。（URL　https://www.youtube.com/watch?v=GhiUcokR728）

授業プラン　　アクティブ・ラーニングのポイント

準備　あらかじめ，ボディサインをしながら「ドレミの歌」を日本語で歌う経験をしておく。上記のYouTube映像。ボディサインができるスペースを確保する。

進め方　復習として，ボディサインをしながら「ドレミの歌」を歌う。映画の中で使われている曲であることを知り，登場人物やどのような場面かを考えたり，映画を見ながら足踏みをしたり，ボディサインを付けたりして楽しむ。振り返って，登場人物になったつもりで音楽に合わせて動いて歌った感想を述べる。

〈ボディサインの例〉

ボディサインをしながら「ドレミの歌」を楽しみましょう

活動例

導入	教師：ボディサインをしながら「ドレミの歌」を歌いましょう。（歌う） 教師：上手にできました。この曲は映画の中で使われて，世界中に広まった歌です。映画のその部分を見ましょう。
「ドレミの歌」視聴	教師：どのような人が出てくるか，何をしているか考えてみましょう。（「ドレミの歌」の草原での部分を視聴する） 教師：気付いたことを言いましょう。（児童から登場人物と歌を習ったり歌ったりしていることを引き出す） 教師：このマリアという先生が7人のきょうだいたちに歌を教えているところです。今度は「ドレミの歌」が始まったら見ながら足踏みして歌いましょう。（立って足踏みをしながら映像に合わせて歌唱する） 教師：とても音楽に合う足踏みができました。
ボディサインをしながらの視聴	教師：今度は「ドレミの歌」が始まったら，足踏みをしながらボディサインをして歌いましょう。（ボディサインをしながら足踏みをして歌唱する） 教師：上手にできました。
登場人物の気持ちで視聴	教師：今度は教室の中を曲に合わせて歩きながら，ボディサインをしてみましょう。「ドレミの歌」を歌っている子どもたちになったつもりで楽しく動きながら歌いましょう。（音楽に合わせて歩きながらボディサインを付けて歌う。最後の「ソッドッ！」も行う） 教師：上手にできました。
まとめ	教師：映画の子どもたちになったつもりで歌ってみてどう思いましたか？（児童から感想を引き出す）

15 ひょっこりひょうたん島

歌詞とフレーズに合った動作を考えて動く

| この活動で
身に付く力 | 歌のリズムにノリながら,「合いの手」やグループとしての動きを考え,一緒に動くことで,コミュニケーションの力と想像して聴く力が付きます。 |

楽曲解説

「ひょっこりひょうたん島」は1964年から5年間，NHKテレビで放映された子ども向け人形劇のタイトルであり，この曲はそのテーマソングでした。作曲は宇野誠一郎さんです。宇野さんは子ども向けの作品に力を注ぎ，「ムーミンのテーマ」など多数の歌を作りました。「ひょっこりひょうたん島」は，古い曲にもかかわらず，短い前奏のリズムには体を目覚めさせる力があります。旋律には「ラソミ」の音程をたくさん使っていますが，これは日本人には大変歌いやすい音の動きです。話し声に節をつければ歌えるような旋律ながら，曲想の変化もあって単調ではありません。子どもたちからご高齢の方々まで，それぞれに合った身のこなしで，歌いながら踊れそうです。モーニング娘。や鈴木福さんたちの振り付け画像もYouTubeで見ることができます。

授業プラン　アクティブ・ラーニングのポイント

準備　「ひょっこりひょうたん島」の音源。歌詞の拡大コピーまたは板書。動けるスペース。

進め方　曲を流しながら歌詞を追って，一緒に歌えるようにする。合いの手として入る「チャープ，チャープ，チャープ」「スーイ，スーイ，スーイ」の部分で，声色や動作の工夫をする。「丸い地球の…」以降を，グループごとにワンフレーズを受け持つリレー唱などにし，最後の「進め～！」から後は全員で歌う。前半部分の合いの手や，最後の「ひょっこりひょうたんじ～ま！」の反復部分などは，クラスで振り付けを決め，一斉に動いて楽しむ。

「ひょっこりひょうたん島」

活動例

導入	教師「今日はヒョ，の付く歌を聴きます。ヒョっとして，みんなは知っているかなあ。ヒョのつくもので，何か知っているものはありますか？」など
「合いの手」の工夫	①曲を通して数回聴く。拡大歌詞を貼るなどして大体覚える。 ②前半部分は，自由に動作を考える。拍にしっかり乗れるよう，教師は手拍子などをはっきり打ち，自分も拍にのって動く。状況に応じ，座ったままで／席を立って／ペア活動として，など，指示の出し方を考えて行う。 ③合いの手「チャープ，チャープ」「スーイ，スーイ」の部分は，声色も工夫を促す。言葉を明確に発するように導く。
リレー唱にチャレンジ	①後半の「丸い地球の」から後の部分を，1グループがワンフレーズずつ受け持つリレー唱にする。「丸い地球の…」から「泣くのは…」までの6フレーズを，順番に回す。 ②慣れたら，教師が歌の流れの中で，次に歌うグループを選んで，合図を出す方式にする。緊張感が高まる。
締めの部分の工夫	①「すすめ〜！」から最後までも動作を工夫する。 ②全員が無理なくできそうな単純な動作を取り上げ，クラスで統一の動作に決める。
その他の工夫	①席を立ち，全曲を通して歌い踊る。リレー唱はしてもしなくてもよい。ソロを入れてもよい。 ②「すすめ〜！」から後は，斉唱＋一斉動作にする。例えば，円の隊形（円を作れるよう立ち位置の印を床に貼るなどする）になり，お互いの顔を見ながら歌い動けるといっそう楽しい。

名曲　中学年

16 ピーターとおおかみ

体育科や図工科等と関連させて聴く

この活動で身に付く力　オーケストラの代表的な弦・管・打楽器の名前と音色を覚えられます。音楽物語から出来事のイメージを描く力が付きます。

楽曲解説

　ロシアの作曲家プロコフィエフ（ロシア，1891-1953）は，子どもたちを芸術音楽の世界に誘おうと，『ピーターとおおかみ』を書きました。この曲で音楽物語を楽しく聴いているうちに，オーケストラの代表的な楽器の名前と音色が自然に覚えられます。1つの楽器が1つの登場人物（動物）を表しているだけではありません。よく聴いていると，それぞれの登場人物同士の細かい動きやかかわりまでが，目に見えるように音で描かれているのがわかります。楽器の音色を手掛かりに，音の重なり方，すなわち登場人物の動きの様子について，子どもたちと一緒にいろいろ気付いてください。おそらく，子どもたちの鋭さにびっくりしたり感動したりすることでしょう。

授業プラン　　アクティブ・ラーニングのポイント

準　備　「ピーターとおおかみ」をオーケストラが演奏している映像か音源のみ。登場する楽器ごとの写真や絵。先に絵本で物語を知っておく。

進め方　30分近くかかるので，給食の時間や，学級で裁量できる時間に，区切りながら聴く。ひと通り聴き，お話を理解する。楽器の名前と音色を知り，登場人物ごとの主題に親しむ。楽器クイズで，調べ学習にも発展。

発　展　（体育，図工，国語との関連を図った活動例：1年生歓迎会などで発表）①30秒〜1分程度の特徴的なところを抜粋し，グループに割り当てる。音楽から登場人物の動きかたをイメージし，動作化する。（ピーターと小鳥，小鳥とアヒル，忍び寄るネコ，おおかみ登場，狩人登場，など）これを行うことにより細部を聴けるようになる。②ペープサートの作成と上演。曲は部分の抜粋でよい。ナレーションも工夫して作成する。

音楽物語「ピーターとおおかみ」を聴いて，オーケストラの楽器にくわしくなりましょう

年　　組　　名前

1 「ピーターとおおかみ」では，登場する人や動物が，それぞれ楽器で表現されています。楽器の名前を書いて，感じたことを言葉や線，図形などでメモしましょう。

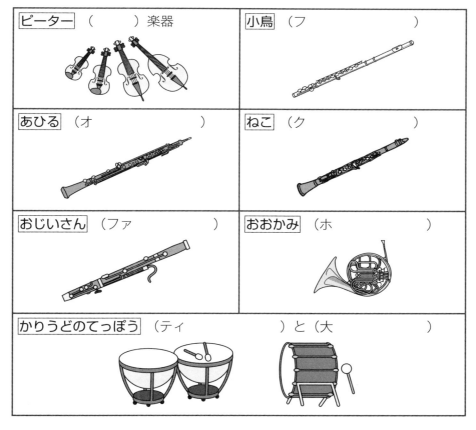

2 いちばん好きな場面を紹介しましょう。裏面に書きましょう。

名曲 / 中学年

17 トランペット吹きの休日

トランペットに注目して聴く

この活動で身に付く力 金管楽器の発音の仕組みを知って，プロのトランペット奏者のすばらしさや楽器の美しさに気付きます。

楽曲解説

「トランペット吹きの休日」はプラン❶の「おどるこねこ」や❻の「そりすべり」と同じ作曲家のアンダソンが作った管弦楽曲で，吹奏楽としてもよく演奏されます。3人のトランペット奏者が華やかな演奏を繰り広げます。運動会のBGMでよく流れるため，聴いたことのある児童も多いはずですが，運動会用の音源では走りやすいよう最後の躍動的なリズムの変化や旋律が繰り返される面白い部分がアレンジされていることがありますので，留意してください。

授業プラン　　アクティブ・ラーニングのポイント

準　備　「トランペット吹きの休日」の音源とトランペット奏者がよく見える映像。金管楽器のマウスピースとビニールホース，漏斗。金管楽器のマウスピースで音が出せるようにするか，出せる教員に協力を得る。トランペットの実物や写真。

進め方　金管楽器の発音の仕組みを理解するため，教師が①唇だけ，②マウスピースを付けて，③マウスピースと管，そして漏斗の模型で音を出し，金管楽器は唇の振動で音を出している仕組みを説明する。次に，トランペットを見て，美しく

管が整えられていることや音程を変えるピストンバルブが付いていること，構え方や吹き方などを知り，持っているつもりで構える。「トランペット吹きの休日」の冒頭30秒くらいを聴き，知っている曲であることを思い出す。何人のトランペット奏者が演奏しているかを考えてから演奏を見る。何度か聴いて，友達と意見交換するなどしてから，紹介文を書く。

「トランペット吹きの休日」で
トランペットのよさを聴きましょう

年　　組　　名前　_____

1 金管楽器はどのように音が出るかを知ったところで，先生のまねをしてくちびるをふるわせてみましょう。できましたか？

2 トランペットの形と吹き方を知りましょう。トランペットを持っているつもりで構えてみましょう。かまえてくちびるをふるわせるとさらによいですね。

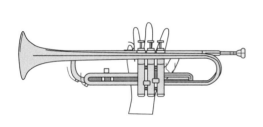

3 「トランペット吹きの休日」は（　　　）人のトランペット奏者が出てきます。トランペットの演奏のすてきなところを見つけてメモしましょう。

---

4 「トランペット吹きの休日」のすてきなところを，聴いたことがないお友達に紹介する文を書きましょう。

名曲　中学年

18 ホルン協奏曲 第2番　第3楽章
ホルンに注目し2拍子を感じて聴く

この活動で身に付く力　ホルンの音色のよさやホルンと弦楽器などとのかかわりを楽しんで言葉にする力が付きます。

楽曲解説

　モーツァルト（オーストリア，1756-91）作曲の「ホルン協奏曲　第2番　第3楽章」を教材とし，ホルンの柔らかい音色を聴き分け，6拍子を2拍子として感じながら楽曲のよさを言葉にします。この曲はモーツァルトが仲良しのホルン奏者ロイトゲープのために書いた曲のひとつです。ホルンは動物の角を利用した，合図のための角笛が先祖です。狩猟のときに肩にかけられるよう管を巻き，邪魔にならないようベルが後ろになったそうです。現在のホルンもベルが後ろ向きのため，柔らかい音色が印象的な楽器です。

授業プラン　　アクティブ・ラーニングのポイント

準備　プラン⑰のトランペットの発音の仕組みやトランペットの真似体験をしておく。ホルンの演奏の様子が分かる掲示物。モーツァルトの「ホルン協奏曲　第2番　第3楽章」の音源または映像。

進め方　ホルンの演奏の様子が分かる画像を掲示し，楽器名がホルンであることを知る。ぐるぐる巻かれている管を伸ばすとどのくらいかを考える。一番低い音を出す場合，3メートル75センチであるので，3メートルよりも長いことを教師が伝える。教室の中の長さで示したり，3.75メートルのひもを用意したりするとよい。唇を震わせて，ホルンの演奏の真似をし，トランペットは右手でピストンを操作しているのに対し，ホルンのピストンまたはレバーは左手であることに気付く。音源または映像により「ホルン協奏曲　第2番　第3楽章」を聴き，ホルンの音色のよさとロンド形式の繰り返されている部分に気付く。拍の流れにのって，ホルンが聴こえたら歩き，他の楽器だけのときには足踏みをして，ホルンと他の楽器が交互に演奏されている面白さを味わう。よさを伝える紹介文を書く。

ホルンの音色を2拍子にのって味わいましょう

　　　　　　　　　　年　　組　　名前＿＿＿＿＿＿＿＿＿＿＿

1 ホルンの管の長さはのばすとどのくらいだと思いますか。
　□1メートルくらい　　　　□2メートルくらい
　□3メートルくらい　　　　□3メートルよりも長い

2 ホルンのえんそうの真似をしてみましょう。トランペットとにているところと違うところをみつけましょう。

	にているところ
	違うところ

3 モーツァルトの「ホルン協奏曲　第2番　第3楽章」を聴きましょう。
(1) ホルンのやわらかい音色が聴き取れますか？
(2) すてきなメロディーがくり返されていることが聴き取れますか？

4 この曲は6拍子ですが、「1 2 3 4 5 6｜1 2 3 4 5 6」の1と4の拍を「いぃちにぃぃ｜いぃちにぃぃ」と2拍子に感じて歩きましょう。主役のホルンがなっているところは歩き、他の楽器だけのところは足ぶみします。

5 モーツァルトの「ホルン協奏曲　第2番　第3楽章」のすてきなところ、気に入ったところを紹介する文を書きましょう。

名曲　中学年

19 クラリネットポルカ

繰り返す旋律に注目し，音色を味わって聴く

この活動で身に付く力　繰り返し出てくる楽しい旋律を意識しながら，クラリネットの音色や曲想の変化の楽しさを言葉にする力が付きます。

楽曲解説

　ポーランド民謡の「クラリネット・ポルカ」は，世界中のクラリネット奏者のレパートリーになっています。クラリネットの低い音から高い音までの音色を楽しむことができる曲です。繰り返し出てくる旋律を聴き取りながら，クラリネットの音色を味わいます。また，原曲が民謡ですので，多様な編曲があります。世界中のクラリネット奏者の「クラリネット・ポルカ」を比較視聴し，様々な編曲を楽しみます。

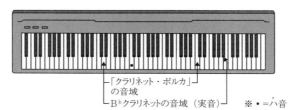

「クラリネット・ポルカ」の音域
B♭クラリネットの音域（実音）
※ • ＝ハ音

授業プラン　アクティブ・ラーニングのポイント

準備　音楽を聴きながら楽譜をなぞる経験をしておく。クラリネットの画像の掲示物。「クラリネット・ポルカ」の手拍子の入らない音源。さまざまな演奏者の映像。（編曲の違いや速度の違い，途中の即興的な表現のはいったものなど多様なものを選んでおく）

進め方　クラリネットの画像を掲示し，楽器名と形を知る。ロンド形式の繰り返される旋律の楽譜をなぞって親しむ。何度か体験したのち空中で同じように手を動かして低い音から高い音まで出ていることを意識する。通して聴き，音色や曲想について感想をもつ。さまざまな演奏家の「クラリネット・ポルカ」を比較視聴し，気に入ったところを紹介文にする。

クラリネットの豊かな音色を楽しみましょう

　　　　　　　年　　組　　名前
　　　　　　　――――――――――――

1 「クラリネット・ポルカ」で前奏に続いてくり返し出てくる楽しい旋律を聴きながら，楽譜を指でなぞりましょう。

2 なぞって覚えた旋律がくり返し出てくる面白さを聴き取り，気付いたことをどんどんメモしましょう。

| ヒント | クラリネットの音，クラリネットと他の楽器のかかわり，曲の感じが変わるところなど |

3 いろいろな「クラリネット・ポルカ」を見て，一番のお気に入りをお友達に紹介しましょう。

名曲 / 中学年

20 フルートとハープのための協奏曲 第2楽章
それぞれの楽器を聴き取って味わう

この活動で身に付く力　エアリード楽器と弦鳴楽器の発音の仕組みを体験し，フルートとハープの美しい音色を聴き取る力が付きます。

楽曲解説

　ここではモーツァルト（オーストリア，1756-1791）の「フルートとハープのための協奏曲　第2楽章」を教材とします。モーツァルトは古典派時代の天才作曲家です。この曲は音楽愛好家の貴族のために作った美しい作品です。映画「アマデウス」では，宮廷作曲家のサリエリがモーツァルトの妻の持参した楽譜を見て，モーツァルトの作品の美に圧倒されるシーンがありますが，その最初に流れてくる曲です。フルートとハープの発音の仕組みを知ることで，演奏家による美しい音色への感受が深まります。

授業プラン　　アクティブ・ラーニングのポイント

準備　フルートとハープの写真等と，それらがよく見える教材曲の映像，空のペットボトル，輪ゴム。教師は空のペットボトルに息を吹き込んでボーッという音が出せるようにしておく。息を吹きかける位置を変えてハイトーンも出せるとなおよい。

進め方　楽器の写真を掲示し，息をどこかに当てることで音が出るフルートと，弦をはじいて音が出るハープの音楽を聴くことを知る。息を当てると音がする例として教師がペットボトルに息を入れて音を出したり，口笛を吹いたりする。児童もペットボトルを持参して体験をする場合は，息を入れすぎていわゆる脳貧血にならないよう留意する。次に，ハープは弦をはじくことで音が出ることを説明し，例として児童が輪ゴムをはじくなどする。映像は消音にして，どのような音楽が流れるかを想像してメモしたのちに視聴して美しさに触れる。音楽からフルートとハープの会話を想像して記入する。

フルートとハープの音色の美しさを感じて聴きましょう

　　　　　　　　年　　組　　名前　_____

1 指揮者やバイオリンなどの弦楽器を演奏している人，フルートとハープを演奏している人を，音を出さずに見てどのような音楽かを想像してメモしましょう。

弦楽器だけのところ

フルートとハープが入ってからのところ

2 今度は音を出してみましょう。どのような音楽でしたか。

弦楽器だけのところ

フルートとハープが入ってからのところ

3 もしフルートとハープが会話をしているとしたら，どのような会話だと思いますか？　書いてみましょう。

名曲　中学年

21 卵の殻をつけたひなどりのバレエ
お気に入りを紹介する

この活動で身に付く力　「卵の殻をつけたひなどりのバレエ」をピアノ，オーケストラ，シンセサイザーで聴き，それぞれのよさを言葉にする力が付きます。

▎楽曲解説

　ムソルグスキー（ロシア，1852-1881）作曲の「展覧会の絵」は，ムソルグスキーが親友ガルトマンの遺作展で見た絵の印象から作った10曲と，絵と絵の間を歩く様子を示す「プロムナード」からなっています。その中から「卵の殻をつけたひなどりのバレエ」を取り上げ，原曲のピアノ版とラヴェル編曲のオーケストラ版，そして冨田勲さん（1932〜2016）がシンセサイザーで表現した豊かな世界を味わいます。なお，ラヴェル（フランス，1892-1932）は「管弦楽の魔術師」と言われるほど管弦楽法に長けていた作曲家で，フルートをはじめ木管楽器がひよこの鳴き声や軽快な動きを表現しています。そして，冨田版では，猫に追いかけられて走り回るヒヨコとそれを守ろうとするお母さんニワトリの三者が楽しく音で表現されます。

▎授業プラン　　アクティブ・ラーニングのポイント

準備　ガルトマンのバレエのための衣装デザイン画の掲示物。ピアノ演奏の映像。（「展覧会の絵　ピティナ」で検索し，ページ内の「音源情報」から田中正也氏演奏の教材曲を選ぶとよい）オーケストラ演奏の映像。冨田勲の教材曲の入ったCD。（プロムナードに続いて教材曲が再生されるチャプター分けのものもあるので留意する）

進め方　とても大切な友達が描いた絵からピアノ曲をつくったムソルグスキーという人がいたことを知る。安全に気を付けてヒヨコの気持ちで走ってみる。ピアノ演奏の映像を見て，どのような様子かを考えてメモしたり発言したりする。次に，「オーケストラの魔術師」と言われるラヴェル編曲の映像と，シンセサイザーで冨田勲という人がつくった世界に触れ，どのような様子が思い描けたかを言語化する。

ヒヨコの様子を思い浮かべて聴きましょう

　　　　　　　　年　　　組　　　名前

1 ヒヨコがちょこちょこと走り回るのはどのような感じだと思いますか。やってみましょう。

2 ムソルグスキーさんが大切なお友達の絵を見てつくったピアノ曲を聴きましょう。どのようなヒヨコの様子が思い浮かびますか？

```
----------------------------------------
----------------------------------------
----------------------------------------
```

3 どちらかお気に入りを紹介しましょう。

「オーケストラのまじゅつし」といわれるくらい，オーケストラの音楽をつくるのが上手なラヴェルさん編曲の**オーケストラ作品**	あらゆる音が出るシンセサイザーで冨田勲さんがネコ，ヒヨコ，お母さんニワトリを登場させて編曲した**シンセサイザー作品**

お気に入りを ◯ で囲んで紹介文を書きましょう。
ラヴェル編曲**オーケストラ作品**　　冨田功編曲**シンセサイザー作品**

```
----------------------------------------
----------------------------------------
----------------------------------------
----------------------------------------
----------------------------------------
```

名曲　中学年

22 白鳥
楽器の音色と曲想を聴き取り，音楽とバレエを味わう

この活動で身に付く力　2種類の楽器の音色を聴き分け，それぞれが表している情景をイメージしながら音楽を聴く力が身に付きます。

楽曲解説

　サン＝サーンス（フランス，1835-1921）の作った組曲『動物の謝肉祭』は，14曲からできています。サン＝サーンスは生前この組曲の公演や出版を許しませんでした。その理由として，他の作曲家の旋律をパロディーとして使っていたからとも，気楽に作った組曲だからともいわれています。そのような中，「白鳥」だけは許可し，演奏されていました。チェロとピアノによるこの美しい曲は，児童が素敵なイメージをもって聴くことができる名曲です。プリセツカヤのバレエ「瀕死の白鳥」を見て他の芸術とのかかわりも味わいます。（映像は「プリセツカヤ　1975」のキーワード検索できます）

授業プラン　　アクティブ・ラーニングのポイント

準　備　「白鳥」の音源と「瀕死の白鳥」の映像。活動しやすいスペースを作っておく。

進め方　（活動が多様のため，ワークシートに 聴, 視聴 などと入れてある）チェロとピアノがどのような印象かを言語化する。例えばチェロは，「ゆったりしている」「男の人の声の感じ」，ピアノは「なめらかな感じ」「優しく弾いている」など。つぎに白鳥をイメージしてチェロを聴くために，ラララで歌いながらワークシート上や空中で旋律をなぞる活動をする。その後，その発展として，体全体を使って，チェロを聴きながら，低い音は体を低く，高い音は体や腕を上に伸ばして動く。ピアノが湖の様子であることを伝え，ピアノを聴きながら手や腕を使って波のように動く。クラス全体で，湖役が中央に向いて大きく円を作って並び，その輪の中に白鳥役が数名入って「白鳥」を聴きながらクラス全体で動いて楽しむ。まとめとして，バレエの映像を視聴して，「白鳥」の魅力を紹介文として書く。

「白鳥」の美しさを味わいましょう

年　　組　　名前

1 聴・記入　「白鳥」にはチェロとピアノが使われています。聴き取って気付いたことや感じたことをメモしましょう。

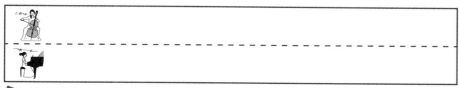

2 歌・動　次のチェロのメロディーを「ラララ」で歌いながら、なぞりましょう。

3 聴・動　今度はチェロを聴きながら、「白鳥」をイメージして手や体全体を使ってメロディーの高低を表しましょう。

4 聴・動　次はピアノを聴きながら動きで湖を表現しましょう。

5 聴・動　湖の役は大きな輪になって **4** の動きを、輪の中に白鳥の役が入って **3** の動きをしましょう。湖役も湖の感じで移動しながら動いてもかまいません。

6 視聴・記入　「白鳥」はバレエの音楽としても有名です。音楽とバレエから気付いたことや感じたことを自由に書きましょう。

名曲　中学年

23 剣の舞

世界中で人気のある小曲を学年に応じて聴く

この活動で身に付く力　3分足らずの小曲に詰まった多様な魅力を発見し，学年に応じて特徴を理解して音楽を味わいます。

楽曲解説

　ロシア（アルメニア）の作曲家ハチャトゥリアン（1903-1978）は，躍動感あふれるバレエ「ガイーヌ」の音楽を作曲しました。「剣の舞」はバレエの中で，クルド民族に伝わる出陣の舞踊として，剣を手に披露されます。ハチャトゥリアンは，この曲のリズムを着想するや否や，一晩で書き上げたそうです。

　楽器の音色の使い方が見事なので，オーケストラで演奏された原曲を聴きましょう。ティンパニによる，ダン・ダン・ダン・ダン…という16拍の短い前奏が，全体を貫く拍感を示してくれます。そして主旋律の始まり！　何と言ってもよく聞こえるのが「シロフォン」（固い音を出す大型木琴）です。シロフォンは，他の楽器の音と溶け合いにくい音を出すように作られています。シロフォンが1フレーズを弾き終わると，すかさずトロンボーンと高音の木管楽器が合いの手を入れて自己主張。ノリのよい気分を演出しています。

　曲はA-B-A形式になっていて，Bの部分に入るとシロフォンがしばし黙り，感じが変わります。ここはサクソフォーンとチェロが，大人っぽく情熱的な音色を聴かせます。実はこの部分で4拍子から3拍子に変わるのですが，ハチャトゥリアンはそのことが聴き手に分からないように，工夫を凝らしています。

☞ 授業プラン

準備　「剣の舞」オーケストラによる原曲の音源（映像）。

「剣の舞」を低・中・高学年の各段階で楽しむ

低学年の活動例　　アクティブ・ラーニングのポイント

・「剣の舞」の前奏部分（4小節16拍でとても短い）だけを聴き，ダン・ダン・ダン・ダン…の拍を，手拍子などで確かめる。
・①日本舞踊の絵　　②剣の舞ふうの絵　　③舞踏会風の絵
　の3種類を提示し，これから始まるのは「踊り」の曲だが，どの絵の感じかなと尋ねる。答えとその理由をペアで言語化し，伝え合う。
・初めからAの部分（感じが変わるまで）を聴いて主旋律に親しみ，覚える。
・Aの部分の拍感と主旋律が分かったところで，着席したままで自由に体を動かす。「合いの手」の部分を上手に表している児童がいたら，注目して褒め，クラス全体に，主旋律のフレーズに答えるような合いの手を意識化させる。音楽を聴きながら，今度は合いの手の部分だけを口ずさむ。
・全体を通して聴きながら，上半身の振り付けを楽しむ。途中Bの部分で感じが変わること，その後またAが戻ることに児童が気付いたら，褒める。

中学年の活動例　　アクティブ・ラーニングのポイント

・上記，低学年の活動例を適宜取り入れる。
・楽器に注目してみよう。調べてみよう。
　①ダン・ダン・ダン・ダン…で活躍するティンパニ（何個でひと組なのか？　どうして何個かあるのか？）
　②主旋律で特別目立つシロフォン（マリンバとは違う音がする。何が違うのか，調べてみよう）
　③Bの部分で旋律を奏でる，サキソフォーン（金管楽器か木管楽器か？　発明した人の名前は？）

高学年の活動例　　アクティブ・ラーニングのポイント

・上記，低・中学年の活動例を適宜取り入れる。
・基本の拍ダンダンダンダンが，消えるところを探し，その効果を言語化する。また，基本の拍ダンダンダンダンが，ダーンダダンだったらどうか，など比較して考え，作曲者の意図を考える。

| 日 本 | 中学年 |

24 十五夜さんのもちつき

面白い音の出し方をみつけて紹介する

この活動で身に付く力 わらべ歌を楽しく手遊びしてから,「臼」の代わりにタンブリンなどの打楽器を使い,叩いたり突いたりなでたりしながら面白い音を見つけます。

楽曲解説

　わらべ歌は子どもの遊びとともに伝承され,変化していきます。「十五夜さんのもちつき」も様々な歌詞がありますが,ここでは,2012年に出版された,リトミックを生かした授業プランで紹介している歌詞を掲載しました。手遊びの発展として,「臼」に見立てた打楽器を,「叩く」「なでる」「突く」という異なる鳴らし方で面白い音を見つけ出し,お互い聴き合い「音」そのものを注意深く聴く学習につなげます。

　なお,季節によって「お正月のもちつき」「三月三日のもちつき」などアレンジして楽しむことができます。

授業プラン

準備 タンブリンや小さめなペットボトル,蓋つきの缶などの手の上に載る打楽器を2人に1つ以上用意する。

進め方 「十五夜さんのもちつき」を覚えてペアで手遊びできるようにする。ペアで好きな打楽器を選んで「臼」に見立てて持ち,強さや鳴らし方を変えて楽しむ。クラス内発表会では,サイレント・シンギングで心の中で歌いながら,拍の流れにノッて手遊びの活動をし,ペアで見つけた面白い音色を発表する。お互い聴き合って,いろいろな音の面白さを味わい,書き留める。児童の実態に応じて,例えば「かわいいネズミが2匹でお餅つきをしている感じだとどのような工夫ができますか？」などと考えさせ,「チョコチョコと速くする」「あまり大きな音でないほうがよい」など,考えを引き出してから工夫させるとよい。

参考：井上恵理,酒井美恵子著『動いてノッて子どもも熱中！リトミックでつくる楽しい音楽授業』明治図書. 2012.

手遊びをしてつくった音を紹介し合いましょう

年　　組　　名前 _____

1 歌を覚えて手遊びしながら楽しみましょう。

じゅう	ごや	さん	の	おも	ちつ	き	
とー	ん	とー	ん	とっ	てっ	た	
とっ	てっ	とっ	てっ	とっ	てっ	た	
もち	こね	て		もち	こね	て	
もち	こね	もち	こね	もち	こね	て	
とっ	つい	て		とっ	つい	て	
とっ	つい	とっ	つい	とっ	つい	て	
さー	あー	さー	あー	あー	おい	で	
あー	おい	あー	おい	あー	おい	で	
シャー	ン	シャー	ン	シャン	シャン	シャン	
シャー	ン	シャー	ン	シャン	シャン	シャン	
シャン	シャン	シャン	シャン	シャン	シャン	シャン	

　□で囲った拍で臼に見立てた相手の手をたたいたり，なでたり，ついたりします。あおぐところは直接たたきませんが，拍にのって臼の上であおぐ真似をします。交代しながら，何度も楽しみましょう。

2 臼として選んだ打楽器を書き，どのような工夫をしたか書きましょう。

臼にしたもの：（　　　　　　　）

工夫したこと

3 他のお友達の面白かった音や工夫について感心したことなどを書きましょう。

日本　中学年

25 汽車ごっこ

箏について知り，触れてみたい気持ちを育てる

この活動で身に付く力　日本の楽器，箏にはいろいろな弾き方があるのが分かり，習ってみたいというモティベーションが上がります。

楽曲解説

　宮城道雄（1894-1956）は，箏曲演奏家・作曲家です。日本の伝統的な音楽に，西洋音楽の形式や合奏形態，合唱なども積極的に取り入れ，当時のニューミュージックを創り上げました。楽器の改造にも取り組み，箏は通常十三弦ですが，低音をカバーする十七弦の箏とそのための曲も作りました。八十弦の箏まで試作しています。

　子どもたちが楽しく箏を習えるように，工夫を凝らした素敵な作品も書きました。「汽車ごっこ」は，小学生が上手に演奏している映像がWeb上で見られることでしょう。「トレモロ奏法」による発車ベルが鳴り終わると，「…シューッ…ゴトン…シューッ…ゴトン」と車輪がゆっくり，そして次第に速く回り始めます。汽車の旅に心を躍らせる楽しげな旋律を，箏のいろいろな奏法が彩ります。弦をはじいて弾くだけではなく，こする，少し叩くようにする，などの奏法，左手で弦を押さえて音の高さを変える「押し手奏法」など，多様な表現を楽しむことができます。

授業プラン　　アクティブ・ラーニングのポイント

準備　「汽車ごっこ」の映像。ワークシート。箏づめ（あれば）。

進め方　「汽車ごっこ」の映像を見て，箏とその奏法に興味をもつ。ペアやグループで，題名の当てっこゲームをする。考えた題名は，どうして出てきたのか，理由を言語化する。映像を見て，右手の親指，人差し指，中指の３本に箏づめをはめることを知る。手の使い方や音楽の特徴について，気付いたことを伝え合う。箏づめには輪のサイズがいろいろあるが，実際にはめてみるとよい。

＊「汽車ごっこ」の映像を見ておくと,同じく宮城道雄の「線香花火」も,イメージをふくらませて楽しむことができる。映像は検索しにくいが別の機会（高学年がよい）に,お勧めの曲である。

箏（こと）の いろいろな音色，いろいろなひきかたに注目しましょう

　　　　　　　　　　年　　組　　名前 _____

1 映像で見た曲に題名をつけましょう。お友達と話し合ってから，下に書いてみましょう。

考えた題名
そう考えた理由

2 映像をよく見て，箏について知りましょう。

(1) 手の動きやひき方で気付いたことを書きましょう。

右手について　　　　　　　　　　　　　　　　左手について

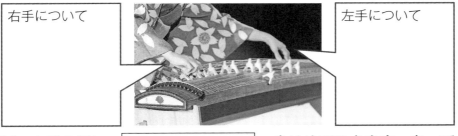

(2) 右手の指に　［　　　　　　　　］　をはめてひきます。あっているはめ方を選びましょう。

① 手の平がわで
親指，人さし指，
中指

② 手の甲がわで
親指，人さし指，
中指

③ 手の平がわで
薬指，小指

3 手の使い方やこの音楽の面白かったところを，となりの人と話してみましょう。

日本　中学年

26 アイヌの人々の歌と踊り
アイヌの人々の豊かな文化を味わう

この活動で身に付く力　アイヌの人々の歌や踊りを知ることを通して，アイヌの人たちの伝統文化と，平和を重んじる優しい心に対する敬意を育みます。

楽曲解説

　北海道には，アイヌという先住民族が昔から暮らしていました。アイヌの人々は大自然に住む神々を信じ，狩猟採集で得た食物や生活の資源を大切にします。近代化に伴い，日本人はアイヌの人々に悪いことをしてしまった時代がありました。その歴史を学ばなければなりません。また現在の日本社会に少数ながらアイヌの人がいることも忘れてはなりません。

　アイヌの人々が，自然を敬いながら共生し，また誰もが一緒に歌ったり踊ったりしてきたことを知りましょう。アイヌ民族博物館伝承記録「唄う・踊る・語る・奏でる」（https://www.youtube.com/watch?v=M4UdGIfA6Mc）には，白老地方のものを中心に，アイヌの音楽や踊りが収められています。児童には，以下のものなどが興味深いでしょう。

- ・2分30秒あたり〜：ハンチカップリムセ（水鳥の舞の踊り）
- ・4分39秒あたり〜：サロルンチカップリムセ（鶴の踊り）
- ・17分20秒あたり〜：クリムセ（弓の舞）
- ・23分52秒あたり〜：イヨマンテリムセ（熊の霊送りの儀式）

授業プラン　　アクティブ・ラーニングのポイント

準備　上記のウェブサイトの映像。日本地図。アイヌ語起源の北海道の地名を調べておくとよい。札幌（サッポロ＝乾燥した広大な地，礼文（レブン）＝沖の島，など。動けるスペース。

進め方　北海道とアイヌの人々について，知っていることを発表する。情報を補い，アイヌ民族のことを紹介する。映像を見て気付いたことを伝え合う。リムセ（歌＋踊り）の足の動きや，特徴的な舞の所作を，よく見て模倣する。ユニークな発声や簡単な旋律をよく聴いて模倣する。

アイヌの人々の歌とおどり

活動例

導入	教師は，授業の最初に「イランカラプテ（i ram karapte）」と挨拶をする。クイズ形式で，「イランカラプテ」はある人たちがこんにちは，の挨拶に使う言葉です。さあ，これは何語でしょう？」と尋ねる。 　社会科やその他での既習事項を踏まえた教師の投げかけにより，今日はアイヌの人々の歌や踊りが題材であることを知る。
映像を見る 気づいたことを伝え合う 身体を動かして模倣する	例：「イヨマンテリムセ」を主に見る場合 ・「イヨマンテ」とは何か，共通理解を得る。人間は神様である熊の肉を食して生きるが，その神様を大切に送る儀式であることを知る。ワークシートなどに記入する。 ・「イヨマンテリムセ」の映像を見て，気付いたことを隣の人と話して言葉化する。 ・席を離れ，映像を見ながら動きを模倣してみる。 　　□足の動きだけマネする。 　　□手拍子もつけてみる。 　　□膝の使い方（体が上下に動くこと）にも注意する。 ・席にもどり，音楽面についても共通理解を図る。 　　□声の使い方はどんなふうか。マネできるか。 　　□旋律は，マネできるか。
まとめ	水鳥，鶴に同化するようなリムセや，ムックリの面白い音（33分30秒〜）に触れながら，「イランカラプテ」で始まる，ビデオの演者への5行お手紙を書く。「イランカラプテ」は直訳すると「あなたの心にそっと触れさせてください」という意味であることを心に留めて終わる。

日本　中学年

てぃんさぐぬ花

表現活動を取り入れ，沖縄の歌を味わう

この活動で身に付く力　沖縄では誰もが知っている曲を覚えます。沖縄の音楽の特徴に触れ，古い日本語を残す，沖縄の言葉に豊かな意味があることも学べます。

楽曲解説

　現在，最も有名で好まれている沖縄の歌は，「花」だそうです。「てぃんさぐぬ花」は，「花」よりずっと古くからあり，歌詞は10番くらいまであるようですが，人々が育んできた知恵を歌った，「教え」みたいな歌です。プラン㉝の「ハグしちゃお」も沖縄風の旋律ですが，「てぃんさぐぬ花」は，波間をゆるやかに揺られているようなリズム感と，三線（蛇皮線）の音で「沖縄っぽい」曲です。女の子たちは昔からホウセンカの色でマニキュア遊びをしていたのでしょう。歌詞はそれを踏まえています。

　数えきれないほど多くの画像がアップされていますが，三線（蛇皮線）の音が伴奏に入ったものが，何と言っても沖縄風です。単純な三線の伴奏パターンを示します。電子キーボードで弾いてみたり，口ずさんでみたりしてください。すぐ覚えられるでしょう。この伴奏のとき，歌はミの音から始めます。

授業プラン　　アクティブ・ラーニングのポイント

準　備　「てぃんさぐぬ花」の音源，映像。拡大した歌詞（右ページのもの）。動けるスペース。

進め方　「てぃんさぐぬ花」を，映像を見て聴き覚え，口ずさむ。児童の実状に合わせ　・1番を覚えて歌う　・上の三線伴奏をタンタタで歌う（弾く）　・1番とタンタタに分かれて合わせてみる　・右ページの足図を参考に軽く動きながら歌う　などを行う。1番だけ，是非覚えるとよい。

「てぃんさぐぬ花」を味わいましょう

活動例

1 「てぃんさぐぬ花」の1番を覚えましょう。沖縄のことばや発音には，古い日本語がのこっています。

> てぃんさぐぬ花
>
> てぃんさぐぬ　花や
> (ホウセンカの　赤い色が)
> ちみさちに　すみてぃ
> (つめ先を　染めるように)
> うやぬ　ゆしぐとぅや
> (親やむかしの人の　教えは)
> ちむに　すみり
> (心に　深くしみわたる)
>
> リフレイン (この部分だけもう一回)
> うやぬ　ゆしぐとぅや
> ちむに　すみり

2 輪になって「てぃんさぐぬ花」を歌いながら波のようにゆっくりと動いてみましょう

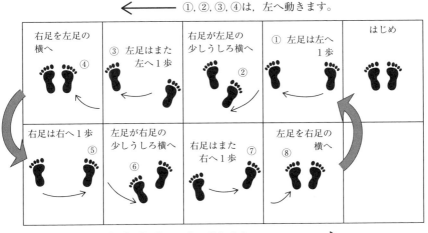

| 世界 | 中学年 |

28 アリラン
拍子とリズムを感じて聴く

この活動で身に付く力　「アリラン」の特徴である3拍子とゆれるような付点のリズムのよさを感じて聴く力が付きます。

楽曲解説

　「アリラン」は，朝鮮半島に伝わる民謡で，「アリラン，アリラン，アラリヨ」という言葉がリフレインされる歌全般をさします。様々な節回しがありますが，1926年に作られた映画「アリラン」で広まりました。これは，京畿道地方の節回しを使ったものです。韓国文化財庁の日本語サイトでは，「アリラン」は，国内外の同郷の人々の心をつなぐ文化としての役割があると紹介しています。特徴的な3拍子とゆれるような付点のリズムの躍動感を感じながら聴きたい曲です。

授業プラン　　アクティブ・ラーニングのポイント

準　備　3拍子と付点のリズムがとらえやすい「京畿道アリラン」の音源。
　　　　1年歌唱共通教材「うみ」などで3拍子の指揮の体験などをしておく。

進め方　「アリラン」が朝鮮半島の人々にとって大切な民謡であることを知り，何拍子か考えながら聴く。3拍子に気付き，1拍目を強く感じて拍の流れにのりながら体を動かして聴く。アリランの歌詞の特徴である「アリラン，アリラン，アラリヨ」を口ずさむ体験をする。これらの体験から感じたよさを紹介文にする。

参考（「京畿道アリラン」をもとに簡略化した楽譜）

拍子とリズムをかんじて「アリラン」を聴きましょう

　　　　　　　　　年　　組　　名前
　　　　　　　　─────────────────

1 何拍子か考えながら「アリラン」を聴きましょう。

　　┌─────────────┐
　　│　　　　　　　拍子│
　　└─────────────┘

2 1拍目を強くかんじて動きながら聴きましょう。

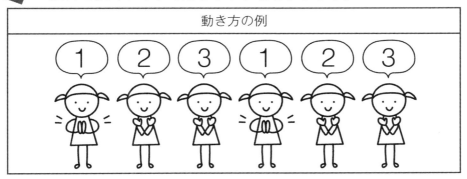

3 「アリラン」は「アリラン，アリラン，アラリヨ」という言葉がくりかえされる朝鮮半島の民謡です。ゆれるようなリズムで「アーーリラーン，アーーリラーン，アーラァァリーィヨーー」と歌ってみましょう。

4 「アリラン」のいいところをお友達に教えてあげましょう。

┌─────────────────────────────────┐
│　　　　　　　　　　　　　　　　　　　　　　　　　│
│ ─ ─ ─ ─ ─ ─ ─ ─ ─ ─ ─ ─ ─ ─ ─ ─ ─ │
│　　　　　　　　　　　　　　　　　　　　　　　　　│
└─────────────────────────────────┘

世界　中学年

29 茶色の小びん

体を動かしながらジャズを聴く

この活動で身に付く力　ポピュラー音楽の特性である偶数拍を強く感じてノッて聴く力が付きます。

楽曲解説

　鑑賞教材としてビッグ・バンドの演奏によるジャズの「茶色の小びん」を取り上げます。「茶色の小びん」とは洋酒の瓶を指し，酒席で歌われていましたが，グレン・ミラー（アメリカ，1904～1944 ?）がスウィング・ジャズに編曲して自身がリーダーであるグレン・ミラー・オーケストラで演奏して大人気となりました。なお，ビッグ・バンドは金管楽器（トランペット，トロンボーン）が6～8名，木管楽器（サックス中心）が4～6名，リズム・セクション（ピアノ，ギター，ベース，ドラム）が3～4名の編成です。

　また，グレン・ミラーの没年に ? が付いていますが，慰問演奏のためにイギリスからフランスへ行く途中，飛行機が行方不明になったためです。

授業プラン　　アクティブ・ラーニングのポイント

準備　ビック・バンドの「茶色の小びん」の音源または映像。映画の「スウィングガールズ」の終盤の演奏会でのシーンなどを見せてビック・バンドの編成を説明してもよい。

進め方　ビッグ・バンドによる「茶色の小びん」を聴いて，初発の感想をメモし，発言して共有する。その際，「踊りたくなる感じ」などが出たときに，ビッグ・バンドはアメリカでダンス音楽を演奏することで発展したことを説明する。次に，偶数拍（裏拍）を手拍子しながら聴く。曲の雰囲気が変わるときなど，拍がとらえにくい場合があっても気にせず，楽しく聴く。何度か楽しんだら，今度はダンスをしている気持ちで，偶数拍で歩きながら聴く。十分に楽しんでから紹介文を書く。発展として，栗山和樹・酒井美恵子企画・制作のDVD（ISBN978-4181548100）では児童が「耳コピ」で旋律，ベース，ドラムを演奏できるようになり，プロの演奏と一緒に合奏できる映像があるので，活用するとよい。

体を動かしながらジャズを聴きましょう

年　　組　　名前

1 ビッグ・バンドによる「茶色の小びん」を聴いて，気付いたことや感じたことを書きましょう。

〈ビッグ・バンドとは〉

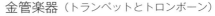
金管楽器（トランペットとトロンボーン）

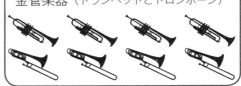

木管楽器（サクソフォーン中心）

2 1234｜1234のように偶数拍（裏拍）を強く感じながら聴きましょう。
(1) 偶数拍（裏拍）で手拍子をして，ノッて聴きましょう。
(2) 今度は偶数拍で歩きながらダンスをしている気持ちで聴きましょう。

3 ビッグ・バンドによる「茶色の小びん」の楽しさを他の人に紹介する文を書きましょう。

世界　中学年

You Are My Sunshine

30

歌いながら楽しく聴く

この活動で身に付く力　英語の歌詞を聴き取り，歌詞に込められた気持ちを想像して聴く力が付きます。

楽曲解説

「You Are My Sunshine」はアメリカのポピュラーソングです。映画の「Take Me Back to Oklahoma」の挿入歌としてジミー・デイビス他が歌い，広まりました。映画はYouTubeで全編見ることができ，44分くらいのところでこの曲が歌われます。

さまざまなアレンジがありますが，ここでは，「あなたは私のおひさま，空が曇っていても幸せにしてくれる。どんなに愛しているかわかる？ずっと一緒にいたいな。」という部分のみ繰り返す映像で，歌いながら楽しく味わいます。YouTubeの「Babies and Kids Channel」がアップしている「You Are My Sunshine」（https://www.youtube.com/watch?v=hPv9vMtbaqM）がおすすめです。ただし，開始数秒後に広告が出るので，児童に見せるときは，再生したのちに，「もう一度再生↻」した映像を見せるとよいでしょう。

授業プラン　　アクティブ・ラーニングのポイント

準備　「You Are My Sunshine」の映像。教師は英語の歌詞の意味を知るとともに，楽譜や歌詞を見ないでも歌えるようにしておく。

進め方　「あなたが大切という気持ち」の英語の歌を歌うことを知る。映像を見て，どのような内容か <u>想像して言葉にする</u>。何度か視聴し，教師が範唱するなどにより，歌えるようにする。次に， <u>主要な言葉に合う動作を考える</u>。（例：「MY SUNSHINE（私の太陽）」で太陽を手で丸く示す。「HAPPY（幸せ）」でにっこりしたり，映像のように指をほほにあてたりする。「SKIES ARE GRAY（空が曇っていても）」で曇って悲しい感じの表情をする。「I LOVE YOU（あなたが大好き）」で私とあなたを指さし，手でハートをつくるなど。） <u>動きを付けて歌いながら映像を視聴する</u>。

「ユー・アー・マイ・サンシャイン」に動作を付けて歌って楽しみましょう

活動例

導入	教師：今日は，英語の歌を勉強します。
歌詞の内容を想像する	教師：この英語の歌はどんなことを言っているか，考えてみましょう。ヒントはあなたが大切，という気持ちを歌にしています。「サンシャイン」はおひさま，「グレイ」は曇り，「アイ・ラブ・ユー」も出てきますよ。 児童：(何度か視聴する) 発言例：「楽しい気持ちで歌っている感じがします。」「グレイのところは，困ったなという感じです。」「誰かが誰かを大好きという歌だと思います。」
歌えるようになる	教師：(発言を肯定的に受け止めた後で，歌詞の解説をする) では，一緒に歌えるようにしましょう。 児童：(映像や教師の範唱により，歌えるようになる)
主要な歌詞を動作化する	教師：上手に歌えるようになったので，今度は言葉を動作で表してみましょう。「MY SUNSHINE」「HAPPY」「SKIES ARE GRAY」「I LOVE YOU」のところはどんな風に動くとよいかやってみましょう。 児童：(グループで考えながら動いてみる) MY SUNSHINE!　　HAPPY　　GRAY　　LOVE♡
まとめ	児童：(考えた動きを付けて歌いながら映像を視聴する)

世界　中学年

31 マンボ No.5

一緒に歌ったりステップしたりして楽しむ

この活動で身に付く力　「マンボ」のリズムに親しみ，掛け声を入れたり，友だちと息を合わせて動いたりしながら，ラテン音楽の気分を自分のものにできます。

楽曲解説

「マンボ」はキューバのルンバというダンスの音楽にそのルーツをもちます。「マンボ No.5」の作曲者であるペレス・プラード（キューバ，1916-1989）は，ジャズの様式を自国の音楽に取り入れ，マンボを生み出しました。マンボは4分の4拍子の曲。サックス，トロンボーン，トランペットを中心とする管楽器と，ボンゴ，コンガ，ティンバレスなどラテン打楽器で華やかに演奏されます。ハア〜〜ッ！　フウ！　という掛け声も楽しい！「Si, si, si, yo quiero Mambo！」は「マンボ，大好きだよ！」の意味。サックス3本の奏でる和音が， などのリズムを奏し，まるで打楽器のような役割を果たすのが独特です。マンボのふるさとキューバは，パラダイスのような空と海，あふれ出す音楽・踊り出す人々の国です。

授業プラン　　アクティブ・ラーニングのポイント

準　備　「マンボ No.5」の音源。動き回れるスペース。あればマラカス，ボンゴ，コンガなどの打楽器。手作りマラカスや，空ペットボトルもよい。

進め方　「マンボ No.5」を聴きながら自由に体を動かしてみる。次第に注意深く聴くようにし，ユニークなところ，面白いところ，真似してできる掛け声や特徴的なリズムに気付いて，互いに伝えあい，実際にやってみる。「スィ，スィ，スィーヨケーロ，マンボ！　マンボ！」を聴き取り一緒に歌う。余裕があれば，マンボのステップを試してみよう。①右ページ1〜4までを繰り返す。これだけでもよい。②1〜8まで覚えて繰り返す。③ペアで向かい合い，1人は1から，もう1人は5から始める。

「マンボ No.5」を体を動かしながら聴きましょう

　　　　　　　　　年　　組　　名前

1 「マンボ No.5」を聴きながら体を自由に動かしてみましょう。

2 「マンボ」は ［国の名前　　　　　　］ の音楽です。

3 今度は少し落ち着いて「マンボ No.5」を聴き，気付いたことをメモしてグループでたしかめ合いましょう。どんなところがちょっと変わっている？　面白いところはどこかな？

> レッツ・ダンス！

もう１度聴きながら，かけ声（「ア～～ッ！　フゥッ！」）やリズムを，いっしょに入れてみましょう。ふんいきに合う楽器はありますか？
やさしい「マンボステップ」を，お友達とペアで向かい合っておどれたら，スゴイです！

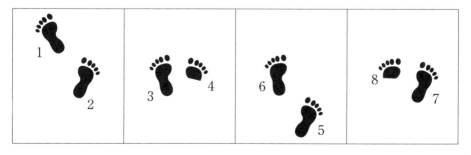

アニメなど　中学年

32 ミラクル銀河防衛隊のテーマ

曲の特徴を言語化し，動いたり歌詞の一部を唱和したりして聴く

この活動で身に付く力　音楽をよく聴き，特徴を言葉や歩き方で表したり，曲想の違いを感じ取って動いたりする力を付けます。

楽曲解説

　2015年公開の映画『ドラえもん　のび太の宇宙英雄記』（作詞：マイクスギヤマ，作曲：沢田完）のテーマ曲です。この曲はオーケストラの伴奏による児童合唱の曲で，銀河防衛隊という重要任務を拝命した部隊の旅立ちにふさわしい，格調を感じさせる雰囲気があります。その雰囲気の秘密は，この曲の低音部にずっと，

ジャジャ　・　ジャカジャカジャカジャン・　ジャジャ　・　ジャカジャカジャカジャン・

というリズムが鳴っていて，エンジンのように音楽を前へ進める効果を出していることです。途中で，低音部のリズムも歌声も，突然なくなるところがあります。しばしの間だけ，別の世界に入ったかのようです。でも，すぐにまた，元のリズムと歌声が始まります。

　最後は，歌が終わったあとに金管楽器が輝かしく締めくくりのフレーズを吹き，　ミラクルぎんがぼうえいたい　と全員で唱和して終わります。

授業プラン　　アクティブ・ラーニングのポイント

準　備　「ミラクル銀河防衛隊」の音源。動けるスペース。

進め方　曲の前奏部分（歌が入る直前まで）を聴き，どのような感じを受けたか言語化する。タイトルを確認する。改めて曲を聴きながら，音楽に合った歩き方を考えて歩く。中間部の曲の感じが変わるところについて，どんなふうに感じが変わっているかをペアで話し合い，クラスの人にも伝える。全体を通して，曲に合った歩き方（歩く以外の動き方を入れてもよい）を工夫する。最後の「ミラクル銀河防衛隊！」を拍にのって唱和する。

「ミラクル銀河防衛隊のテーマ」

活動例

導入	教師：これから音楽を聴きます。どんな感じがするか後で教えてくださいね。(前奏部分を聴き，どんな感じを受けたか，何をテーマにした曲かを考え，言語化して伝え合う。左ページの「ジャジャ・ジャカ……」のリズムを，できれば先生が口ずさみ，意識化させるとよい)
歩き方の工夫	教師：音楽を聴きながら足踏みをしてみましょう。途中で感じが変わるところもあるので，変わったと思ったら手を挙げてください。 教師：よく聴き取れましたね。それでは，はじめとおわりの歩き方をお友達と考えて歩いてみましょう。途中の感じが変わるところは止まって体をゆらしてみましょう。(ペアで曲にあった歩き方を考えて一緒に歩く) 〈中間部の工夫例〉 ①真ん中では，音を立てないで歩きましょう。 ②真ん中では，お友達とやさしく握手をしましょう。目標は8人です。 ③真ん中では，この曲に合う習った漢字を空中で書きましょう。(低学年で習った「空」「月」「星」「友」など)
全員で唱和	教師：最後の「ミラクル銀河防衛隊！」をみんなで練習しましょう。(手拍子などを教師がしながら，拍の流れにのって唱えられるようにする)
まとめ	教師：では，1曲全部流しますので，はじめとおわりのところは，考えた歩き方をしましょう。真ん中は（例：お友達と握手をします。)，最後はみんな席に戻り，音楽と合わせて「ミラクル銀河防衛隊！」を言いますよ。やってみましょう。

　この活動は，唱和するところ以外は「口はしっかりとじて」行うのがコツです。このルールを徹底しましょう。

アニメなど　中学年

33 ハグしちゃお
動いたり音楽表現したりして形式に気付いて聴く

この活動で身に付く力　親しみのある曲を楽しみながら、リフレイン（反復される特徴的なフレーズ）を階名唱することで、階名による音感が自然に身に付きます。

楽曲解説

　劇場版『ドラえもん　のび太の恐竜2006』からの曲で、数々のヒット曲を出している阿木燿子さん（作詞）・宇崎竜童さん（作曲）のコンビによって作られ、夏川りみさんが歌っています。京田誠一さんの編曲も大変素晴らしいです。曲のエッセンスの1つ目は、前奏や間奏（歌の入っていない部分）で特によくわかりますが、宇宙空間に飛び出すような魅力的な音色づかいです。これはシンセサイザーならではの音色と言えます。エッセンスの2つ目は、沖縄風のメロディ。「ハグしちゃお」で始まるリフレイン（繰り返されるフレーズ）はその典型で、「ドソミファソ　　ドソミファソ　　ドドシシソソソシドドシシド　　」

となります。また、ワイワーイ、ハイハーイで始まるフレーズも、すぐに覚えられ、気持ちがお休みに向けて開放されるような、浮き浮きとした気分を誘います。中学年では、歌の入らない前奏、間奏、後奏で耳を澄ませ、素敵なところをたくさん聴き取ってほしいです。

授業プラン　　アクティブ・ラーニングのポイント

準　備　「ハグしちゃお」の音源。歌詞の掲示物。動き回れるスペース。

進め方　曲は既に知っているかもしれません。初めに音楽に合わせて軽く動く。歌詞を音読し、歌詞の全体を見渡して、反復されるフレーズなどに気付かせ、詩の形式を意識化させる。音楽も詩の形式と重なっていることに気付かせる。前奏、間奏部分で、感じが変わったり面白い音が混じったりすることに気付かせ、友達に伝えるよう促す。リフレインを階名で歌う。

「ハグしちゃお」を楽しみながら すてきなところを見つけましょう

　　　　　　　年　　組　　名前
　　　　　　─────────────────

1 「ハグしちゃお」の歌詞をいっしょに音読し，意味のわからない言葉をメモしましょう。

---

2 歌詞をいっしょに音読し，くり返されるフレーズ，少しだけちがってもにているフレーズを見つけましょう。いくつあるでしょう？

---

3 **2**で見つけたところは，どんなせんりつでしょう。
口ずさんでみましょう。ハグしちゃおのところは，先生といっしょに階名で歌っておぼえましょう。

4 歌のない前そう，間そうに耳をすませて，すてきなところを発見しましょう。クラスのみんなに伝えましょう。

名曲 高学年

34 ハンガリー舞曲第5番またはチャールダーシュ
曲想の変化をふまえて聴く

この活動で身に付く力　1つの曲の中に非常に対照性のある「チェンジ」を感じるはず。その「チェンジ」はどんな変化でしょう？　言葉にする力が付きます。

楽曲解説

　ブラームス（ドイツ，1833-1897）の「ハンガリー舞曲」21曲は，ピアノ連弾用に書かれました。特に第5番はオーケストラなどにアレンジされ，よく知られています。ハンガリーに住んでいたロマの人々の舞曲の旋律やアイディアを取り込み，作曲というより「編曲」したものです。短い間に速度，強弱，気分（調）が嵐のように激しく変化するのがとても印象深いです。A-B-A 形式で，どちらの旋律も覚えやすいでしょう。Bの部分は明るく忙しい感じに変わりますが，これは旋律の動きが短調から長調になったためです。オーケストラ版を聴くほうが，特徴がよく分かります。

　同じような仕掛けを，近年人気のあるヴァイオリンの名曲，モンティ（イタリア，1868-1922）の「チャールダーシュ」にも聴くことができます。この曲はリコーダーでもしばしば演奏され，YouTube にもリコーダーで超絶技巧を披露したものがあります。リコーダーの可能性にもびっくり！

授業プラン　　アクティブ・ラーニングのポイント

準備　「ハンガリー舞曲第5番」あるいは「チャールーダーシュ」の音源あるいは映像。曲の変わり目で音楽を休止できるように（ファイルを分けておくなど）する。動けるスペースと，バスケットボールくらいのボール。

進め方　グループで曲に合わせてボールの渡し回しをする。曲に合った視覚的にも美しい回しかたを工夫し，発表する。ボールの逆回し，軽い投げ上げ，軽いタッピングなどはよいが，ついたり床に落としたりしてはいけないことにする。発表するに当たり，曲の変化をどのようにボール回しに生かすのか，簡単な説明ができるようにグループで相談する。

「ハンガリー舞曲第5番」 または
「チャールダーシュ」

> 活動例

導入	準備活動として，みんなで輪になり，CDなどの音楽に合わせて歩いたり，手拍子したりする。拍に合わせたボール回しも行う。複数のボールを別の人から同時に回す，などの変化をつける。音量も変化させて児童の自然な反応を引き出し，「いいね！」と活動しやすい雰囲気をつくる。
ハンガリー舞曲を聴きながら，ボール回しを工夫する	6〜8人くらいのグループに分かれ，「ハンガリー舞曲第5番」（または「チャールダーシュ」）を聴きながら，曲に合ったボール回しを工夫する。目的は，音楽の展開，変化を味わうことなので，その目的を達成しやすい条件をつける。 ・原則として，輪の隊形で内側を向き，互いの顔がみえるようにする。 ・原則として床に座って行う。 ・原則として，ボールは1グループに1個。 ・原則として，ボールは床につけてはいけない。　など 　まずA部分の初めのほうを2〜3回聴く。口ずさみながら聴くのもよい。児童が要領を得てきたら，曲を少しずつ先へ進めながら，ボールの回しかたを相談をさせていく。曲を部分に区切っておき，ボール回しの方法も部分ごとに考えて仕上げる。 同じ部分を反復して流し，児童が常に音楽を聴いていられるように配慮する。
ボール回しの説明と発表	グループごとに発表する。その際，「速度」「強弱」「○○な感じ」などの言葉で，工夫を分かりやすく説明できるよう，相談の時間を設ける。言葉を適切に使えるよう，机間指導を行い，必要に応じて言い換えなどの援助も行う。

| 名 曲 | 高学年 |

35 威風堂々
体を動かしながら曲想の変化を感じて聴く

この活動で身に付く力　「威風堂々　第1番」がイギリスの人々に大切にされていることを知り，映像と一緒に動きながらよさを味わい，言葉にします。

楽曲解説

　エドワード・エルガー（イギリス，1857-1934）が作曲した行進曲「威風堂々」は6曲から成ります。（ただし第6曲は未完の作品を別の作曲家が完成させました）特に有名な「第1番」を教材とします。ゆったりとした中間部分がよく知られており，日本では平原綾香さんが歌詞を付けて歌ったことも記憶に新しいと思います。イギリスのロンドンでは「BBC プロムス」という音楽祭が7月から9月にかけての8週間開催されます。その最終日に「威風堂々　第1番」が演奏され，中間部では会場の人々が一緒に「希望と栄光の国」を歌います。このようにイギリスの人々にとても愛されている音楽です。

授業プラン　　　アクティブ・ラーニングのポイント

準　備　「BBC プロムス」最終日の「威風堂々　第1番」の映像。（YouTube の BBC チャンネルでは2014年の映像を公開している。https://www.youtube.com/watch?v=R2-43p3GVTQ）

進め方　毎年夏に世界最大級の音楽祭「BBC プロムス」がロンドンで行われることを知る。2014年の「威風堂々　第1番」を視聴して気付いたことと感じたことをメモし，発表する。（例：「大勢の人が熱心に聴いている。」「元気のよい感じのところとゆったりとして堂々としたところがあった。」「元気のよいところではひざを曲げてノッている人がいて，堂々としたところは横に体を動かす人がいた。」「堂々としたところでちょっと笑い声がおきた。（指揮者さんが予定より早く合図を出したからかもしれません）」「スポーツの番組で流れていたのを聴いたことがあった。」「すごくよい曲で涙が出そうになる。」など）これらの発言を生かして，グループで動き方を考えて参加したつもりで動きながら聴く。最後に紹介文を書く。

イギリスの音楽会に行ったつもりで「威風堂々」を聴きましょう

　　　　　　　　　年　　組　　名前

1 行進曲「威風堂々　第1番」を見て，気付いたことと感じたことをメモしましょう。

気付いたこと
感じたこと

2 「BBCプロムス」の最終日に参加したつもりで，体を動かしながら聴きましょう。グループでどのように動くか考えてみましょう。

　ア：情熱的な部分　　イ：ゆったりした中間部

曲のつくり	考えた動き
はじまり	
ア×2回	
イ×2回　（小さい音→大きい音）	
ア	
イ　（大きくて高い音）	
しめくくり	

3 「威風堂々　第1番」のよさを他の人に伝える紹介文を書きましょう。

名曲 / 高学年

36 ワルキューレの騎行

キャラクターを表す要素に気付いて聴く

この活動で身に付く力　キャラクターを表す主題を中心に，たくさんの音の重なりが劇的な効果をあげていることに気付けます。

楽曲解説

　これは元祖「宇宙映画の音楽」とも言えそうです。「ワルキューレ」とは天馬を操って翔ける９人姉妹の乙女戦士。リヒャルト・ワーグナー（ドイツ，1813-1883）による楽劇『ニーベルングの指輪』の中のキャラクターです。ワーグナーは北欧の神話などに取材し，台本も音楽も１人で書きました。物語『ニーベルングの指輪』は，里中満智子さん・池田理代子さんなどのコミックで読むことができます。驚かずにはいられませんが，この楽劇は全部で15時間に及び４夜に分けて上演されるのです！　ワーグナーはこれに着手してから完成するまでに，26年もかけました‼

授業プラン　　アクティブ・ラーニングのポイント

準　備　「ワルキューレの騎行」の音源。ワークシート。YouTube にはワルキューレたちが「ホヨトホ〜！」と呼び交わしたり，歌が入ったりしているものがあるが，ここでは器楽だけのもの「第二夜　ワルキューレ　第３幕への序奏」を使う。「ワルキューレ」の簡単な解説や絵があるとよい。

進め方　１分程度聴き，ワルキューレを表すトロンボーンによる主題を覚えて口ずさむ。主題のメロディーが把握できたら，この曲は何拍子かを考える。9/8拍子を３拍子としてとらえ，指揮をする。この曲から受ける印象を言語化する。適宜区切って聴きながら，ワークシートを参考に，その印象のもとになっているのが，音色（楽器）の使い方，音の重ね方，強弱の付け方などであることに気付く。

「ワルキューレの騎行」の特徴を見つけましょう

年　　組　　名前　_____

1 「ワルキューレの騎行」は楽劇『ニーベルングの指輪』の中の曲。

作曲したのは私，（　　　　　　　　）です。
ドイツ人です。26年かけました！

2 ワルキューレ（天馬に乗った乙女戦士）の主題を口ずさみながら，3拍子の指揮の仕方を試してみましょう。

3 「ワルキューレの騎行」からどんな感じを受けますか。お友達と話してから書いてみましょう。

4 3で書いた感じと関係がありそうなことなので，曲を聴きながら，下の問題を考えてみましょう。

1　ワルキューレの主題では，音がどんなふうに動きますか？ 　　ヒント　・はねる　　・なめらか　　・スタッカート　　・レガート
2　たくさんの楽器の音が厚く重なっているのがこの曲の特徴の1つです。でも急に音の重なりがうすくなるところがありませんか。 　　ヒント　・鳴っている楽器が多数　　・鳴っている楽器は2種類くらい 　　　　　・楽器は f（フォルテ）で演奏　　・楽器は p（ピアノ）で演奏
3　音の動きが 〰〰〰〰〰 のように波うちながらクレシェンドされ，最後にシンバルがジャン！　と鳴るフレーズを見つけてくさい。何回見つけられるでしょうか？

名曲 高学年

37 水族館

情景をイメージしながら聴く

この活動で身に付く力 音色や曲想からイメージしたことを短い言葉で表す力が付きます。

楽曲解説

プラン㉒で紹介した「白鳥」と同じ組曲『動物の謝肉祭』から、「水族館」を教材とします。コミックを原作として、2006年にテレビドラマで放映された『のだめカンタービレ』は、クラシック音楽ファンを増やしました。その中で、主人公の音楽大学生の〈のだめ〉がもう一人の主人公の〈千秋さま〉の飛行機恐怖症を治そうと懐中時計を使って催眠術を行うときに使われている曲が「水族館」です。ピアノ2台が水の様子を、フルートとグラス・ハーモニカ（現在はチェレスタで演奏することが多い）そして弦楽器4部（バイオリン、ビオラ、チェロ、コントラバス）が魚たちを表現しています。歩きながら聴いたり、音色に注目して聴いたりして、どのような水族館の様子かを思い浮かべながら味わいます。

グラス・ハーモニカ
板を回転させ、ぬらした指で演奏します。

授業プラン　　アクティブ・ラーニングのポイント

準備　「水族館」の音源。チェレスタの音がよく聴こえるものを選ぶ。

進め方　「水族館」という曲を、どのような情景かイメージしながら聴くことを伝え、拍の流れにのって歩きながら「水族館」を聴く。ワークシートに初発の感想をメモし、発表し合って、多様な聴き方を知る。次に楽譜を見て、気付いたことを発言する。例：「フルートと弦楽器が同じような動きをしている。」「不思議な音色が入っている。」「ピアノは音が多い。」など。次に楽譜の上に指をのせ、拍を刻みながら「フルートと弦楽器の魚を表している部分」と「チェレスタの魚のきらめきのような音」「水を表すピアノ」を意識して3回程この8拍を聴く。聴き分けられるようになったら、何度か通して聴き、どのような「水族館」の様子だったのかを紹介文にする。

情景をイメージして「水族館」を聴(き)きましょう

　　　　　　　　　　年　　組　　名前
　　　　　　　　　　_____

1 歩きながら「水族館」を聴いて,感じたイメージを書きましょう。

---

2 楽譜(がくふ)を見たり,楽譜の上を「指で拍(はく)をきざみながら」聴いたりして,気付いたことをメモしましょう。

楽器	拍　🐟 🐟 🐟 🐟　🐟 🐟 🐟 🐟	メモ
フルート チェレスタ ピアノ1 ピアノ2 バイオリン ビオラ チェロ コントラバス	(楽譜)	

3 楽器の音や曲の感じが変わるところなどを手がかりに,「水族館」を聴いてイメージしたことをお友達に伝えてみましょう。

名曲 / 高学年

38 市民のためのファンファーレ

特徴を聴き取り，音楽をつくる

この活動で身に付く力　単純な音の使い方が生きるのがファンファーレ。ラッパの仲間の輝かしい音色に気付き，音が伸びても拍を見失わない力がつきます。

楽曲解説

　アーロン・コープランド（アメリカ，1900-1990）の曲で，金管楽器のホルン，トランペット，トロンボーン，チューバと，打楽器のティンパニ，バスドラム（学校にもある大太鼓），タムタム（大きな銅鑼）で演奏されます。ファンファーレとは，大会の開会式や，劇で王さまの登場などに先駆けて演奏される短い曲。この曲は3分くらいありますが，タタタ〜〜〜ン（♫ ♩.）というリズムを何度も反復しながら，上行したり下行したり音を重ねたりし，大変美しく響かせます。また上記3種類の打楽器は決してやかましくないのに，遠くまでよく聞こえる性質の音をだします。町の隅々まで聞こえることでしょう。今日は町の特別な日なのでしょうか？

授業プラン　　アクティブ・ラーニングのポイント

準　備　鍵盤ハーモニカを1人1台。ペアで活動しやすいスペースづくり。
進め方　「ファンファーレ」を知っているか尋ね，例示する。
　例：

パン　パカ　パ　ー　ン　パン　パン　パン　パン　パカ　パ　ー　ン！

　どのような時に演奏されるかという知識や，受ける感じを言語化する。「市民のためのファンファーレ」を聴きながら，ワークシートに記入していく。これを参考に，ペアでファンファーレづくりをすることを伝える。AとB2つの役割に分かれ，マス目譜に例示された一節を階名で歌い，次に鍵盤ハーモニカで吹く。メトロノームや手拍子で拍を明確に示しながら進める。ワークシートを活用し，ペアでファンファーレをつくり発表する。

「市民のためのファンファーレ」を参考にファンファーレをつくりましょう

　　　　　　　　　年　　組　　名前
　　　　　　　　　―――――――――――――

1 「市民のためのファンファーレ」を聴いて。

最初に聞こえるのは（　　楽器）の音です。どんな感じですか？
それから（　　　楽器）が入ってきます。聴きながらどんな感じを
受けるか，書いてみましょう。

2 拍を数えながら音をのばす練習をしましょう。

　鑑賞曲の最初の一節に似せたふしです。①拍を取りながら階名で歌いましょう。②ペアで，1人が拍打ちをし，もう1人が，教師の鍵盤ハーモニカかピアノに合わせて階名唱をします。③役割を交代します。拍にのって音をのばすことに慣れましょう。五線譜，マス目譜は同じものです。

3 上の例を参考に友達と4小節のファンファーレをつくりましょう。
　（マス目譜，五線譜，使いやすいほうを使ってみましょう）

	1				2			
拍	1	2	3	4	1	2	3	4
音								

	3				4			
拍	1	2	3	4	1	2	3	4
音								

名曲　高学年

テイク・ファイブ

39

5拍子を感じて聴く

この活動で身に付く力　2拍子，3拍子などを感じて音楽を聴くことは経験してきている高学年です。その発展として，この学習で5拍子を感じ取る力を付けます。

楽曲解説

　ポール・デスモンド（アメリカ，1924-1977）作曲のジャズの名曲「テイク・ファイブ」は〈デイブ・ブルーベック・カルテット〉が1959年に発表した曲です。様々なアレンジで演奏され，現在の日本でもコマーシャルやフィギュアスケートの音楽として用いられるなど根強い人気があります。また，ラロ・シフリン（アルゼンチン，1932-）作曲の「ミッション・インポッシブルのテーマ」とホルスト（イギリス，1874-1934）作曲の組曲『惑星』から「火星」の一部を聴き5拍子を感じ取る力が付いたことを確認します。

授業プラン　　アクティブ・ラーニングのポイント

準備　「テイク・ファイブ」，「ミッション・インポッシブルのテーマ」，『惑星』より「火星」それぞれの音源。

進め方　「テイク・ファイブ」の一部を再生し，初発の感想をとらえる。ワークシートを配り，ジャズと「テイク・ファイブ」について読み合せる。ワークシートの2番における（　）は2つとも「5」を記入する。5拍子を感じ取るためにリズム言葉リレーを行う。児童が考えた「3文字＋2文字」のまとまりの言葉（例「すみだ｜川」「あげは｜ちょう」「白い｜犬」など）をリレーしていく。A児「あきた｜けん」－クラス「あきた｜けん」－B児「あさま｜やま」－クラス「あさま｜やま」…と「１２３｜４５」の拍の流れに慣れる。次に3拍子の指揮と2拍子の指揮をし，できるようになったら3拍子－2拍子－3拍子－2拍子と「１２３｜１２」の拍の流れを体感する。そして指揮をしながら「テイク・ファイブ」を聴き，紹介文を書く。確かめの2曲は5拍子が感じ取りやすい部分だけでも指揮をしながら聴き，聴くことができたら自己評価としてチェックを入れる。

5拍子を感じて「テイク・ファイブ」を聴きましょう

　　　　　年　　　組　　　名前

1 ジャズについて。

　ジャズは19世紀末から20世紀はじめに，アメリカのニューオーリンズという港町を中心に生み出された音楽です。躍動的なシンコペーションのリズムと即興演奏を特徴としています。ジャズは100年あまりの歴史の中で，多様に変化しています。

2 「テイク・ファイブ」について。

　ピアニストのデイブ・ブルーベックをリーダーとする〈デイブ・ブルーベック・カルテット〉が1959年に発表したジャズの名曲です。作曲したのは，サクソフォーンを担当していたポール・デスモンドです。曲名には（　）拍子を示すとともに，「（　）分間の休憩をしよう」という意味があります。

3 3拍子＋2拍子を感じ取れるようにしましょう。
(1)　3文字＋2文字の言葉を考えて，5拍子を感じながらリズム言葉リレーをしましょう。
(2)　3拍子と2拍子の指揮ができるようになったら交互にふりましょう。

4 「テイク・ファイブ」の魅力を紹介しましょう。

---

5 確かめ　5拍子が感じ取れるか確かめてみましょう。
　聴き取ることができたら□にチェックを入れましょう。
(1)　□ラロ・シフリン作曲「ミッション・インポッシブルのテーマ」
(2)　□ホルスト作曲　組曲『惑星』より「火星」

| 日本 | 高学年 |

40 津軽じょんがら節

気に入った演奏者の表現を紹介する

この活動で身に付く力 津軽三味線の華やかで迫力のある演奏の理由を知り，それを踏まえて聴くことができるようになります。

楽曲解説

　津軽三味線は，津軽地方（青森県西部）の旅芸人らが発展させた三味線です。「津軽じょんがら節」は，JR弘前駅では発車メロディーに「津軽じょんがら節」を用いているくらい，津軽三味線を代表する曲です。そして，ある程度決まった旋律やパターンをもとに，演奏者ごと，あるいは同じ演奏者でも演奏ごとに変化があるという特徴があります。

　青森県の中でも津軽地方の冬は大雪が降りますが，津軽三味線の演奏は吹雪の中でも門口で聴こえるように，また行き交う人に注目されるために力強いリズムと華やかな奏法になったという説があります。

　現在は，歌を伴わない「曲弾き」がよく演奏され，ロックやジャズに通じる特徴があることから，国内外で人気の高い日本の音楽です。

授業プラン　　アクティブ・ラーニングのポイント

準備 津軽三味線による「津軽じょんがら節」の映像を用意する。複数を視聴できるようにするとよい。

進め方 導入では，「津軽じょんがら節」の音だけでどのような楽器かを想像する。つぎに複数の演奏を視聴して，気付いたことや感じたことをワークシートに書いたり発言したりする。津軽三味線が華やかで迫力のある演奏である理由を知り，それを踏まえて気に入った演奏者の聴きどころを紹介する文を書く。

映像例 YouTube
上妻宏光（あがづまひろみつ）　https://www.youtube.com/watch?v=4VJfk0LY834
木乃下真市（きのしたしんいち）　https://www.youtube.com/watch?v=uUr0t_QWHig

DVD　横井雅子・酒井美恵子著『プロの演奏でつくる！日本・アジアの伝統音楽　授業プラン』明治図書．2014．より　武田佳泉（たけだかなみ）

津軽三味線の「津軽じょんがら節」のよさを味わいましょう

　　　　　　　　　　年　　組　　名前
　　　　　　　　　―――――――――――――――――

　津軽三味線は日本の伝統的な楽器ですが，ロックやジャズに通じる特徴(とくちょう)があり，国内外で人気のある楽器です。今日は代表的な曲として有名な「津軽じょんがら節」を味わいましょう。

1　「津軽じょんがら節」は，演奏者によってアレンジが違います。映像を見て気に入った演奏者を〇で囲み，その理由を書きましょう。

上妻宏光(あがづまひろみつ)さん　　　木乃下真市(きのしたしんいち)さん　　　武田佳泉(たけだかなみ)さん

2　津軽三味線は青森県の津軽地方で発展しました。津軽地方の冬は大雪が降りますが，津軽三味線の演奏は吹雪の中でも門口(き)で聴こえるように，また行き交う人に注目されるために力強いリズムと華やかな奏法になったという説があります。もう一度映像を見て，力強さやはなやかさに気付いたり，感じとったりしたことを自分の言葉で書いてみましょう。

3　気に入った演奏家の「津軽じょんがら節」の聴きどころを紹介(しょうかい)しましょう。

日本 高学年

41 待ちぼうけ

比較聴取とラップづくりをして日本歌曲を味わう

この活動で身に付く力　日本の作曲家・山田耕筰とその作品を知ります。日本語の特徴である七五調のリズムを楽しみます。

楽曲解説

　山田耕筰（1886-1965）は西洋音楽の手法によりながら，日本語ならではの歌曲を生み出した人で，有名な「赤とんぼ」をはじめ，北原白秋（1885-1942）作詞の「この道」など多数の美しい曲を作りました。耕筰の「筰」は日本の文字にはありません。実は中年以降，髪の毛が減り，「作」の上にケ（毛）を2つおくことにしたそうです！　ユーモアがあったのですね。

　「待ちぼうけ」も，作詞は北原白秋で，中国の古い故事が元になりました。「待ちぼうけ／待ちぼうけ」で始まり「木の根っこ」で終わる5つの節の中で話が展開します。農夫が働いていると，兎が飛び出して切り株に激突，農夫は思わぬ獲物にありつきます。しめた，これからは働かないで兎が来るのを待とう……待って怠けているうちに，畑は荒れ果ててしまったよ，という内容です。山田耕筰は，きっとすごく楽しんでつくったのでしょう。コミカルな曲です。YouTubeでは，皆さん表情や演出に工夫を凝らしています。細かい説明は省き，笑って聴きましょう。

授業プラン　　アクティブ・ラーニングのポイント

準　備　「待ちぼうけ」の音源，映像。電子キーボード，鍵盤ハーモニカ，木琴など，リズムを入れる楽器。

進め方　「待ちぼうけ」は短いので，YouTubeの映像を比較，批評，自分だったらどうしたいか，を考え，言語化する。

国語科と連携　「待ちぼうけ」の歌詞を，七五調を意識し，リズムにのって朗読する。合いの手ふうのリズムを，適宜，打楽器で入れる。前奏と間奏に使われる右ページの旋律を，楽器で入れられると楽しい。短歌，俳句，川柳など，七五調のものをはめてみる。自作のものもはめ込み，ラップ調にして発表し合う。

「待ちぼうけ」をラップミュージックに発展させましょう！

　　　　　　　　　　　　年　　組　　名前 _____

1 「待ちぼうけ」を歌っている映像を見て聴きましょう。

歌い手の，表情や歌い方について，面白いなと思ったことを書きましょう。あなただったら，どんなふうに歌いたいですか。

----

2 「待ちぼうけ」の歌詞を，七五調のリズムに乗って朗読してみましょう。打楽器で，合いの手を入れると楽しいですよ。

| ま | ち | ぼ | う | け | カン | カン | | ま | ち | ぼ | う | け | カン | カン |

続きも工夫してみてください。

3 「待ちぼうけ」の前奏・間奏の旋律を楽器で弾けると，もっと面白いです。朗読の前奏，間奏としていれてみましょう。チャ〜ンチャチャ……と口で言っても，充分楽しいです。

4 七五調をリズムに乗せ，俳句や短歌を暗唱しましょう。「待ちぼうけ」の前奏・間奏をはさみ，合いの手リズムを工夫して入れると，それはラップミュージック！

例1：　前奏　→　やせがえる／やせがえる／負けるな一茶／ここにあり／負けるな一茶／ここにあり／　間奏　→　たたかれて／たたかれて／昼の蚊をはく／木魚かな／昼の蚊をはく／木魚かな／　間奏　→

例2：　前奏　→　大海（おおうみ）の／大海の／磯もとどろに／寄する波／われてくだけて／さけて散るかも／われてくだけて／さけて散るかも／　間奏　→　金色（こんじき）の／金色の／小さき鳥の／形して／いちょう散るなり／夕日の丘に／いちょう散るなり／夕日の丘に／　間奏　→

自分の作品をはめ込んで，ラップをつないでいきましょう。

日本 　高学年

42 われは海の子　箱根八里

歌詞を味わい，ポップで紹介する

この活動で身に付く力　　塗り絵と曲紹介という手立てにより，少し難しい歌詞を理解し，よさを表現する力が身に付きます。

楽曲解説

　ここでは日本の情景を文語体で表現している文部省唱歌「われは海の子」と，鳥居忱（とりいまこと）作詞・滝廉太郎作曲「箱根八里」を鑑賞教材とします。海で囲まれ，7割以上が山地という日本の子どもたちに，改めて日本の自然のよさや大切さに気付かせることができる名曲です。いずれも文語体のため，難しい言葉を教師が解説することで，景色が目の前に広がるように歌詞の内容を理解することができます。教科書を十分活用しましょう。

　なお，イラストを描かせるのもよいのですが，時間がかかります。そこで，塗り絵を取り入れて，そこに児童がオリジナルの「曲名」「歌詞や追加のイラスト記入」「紹介文作成」をすることで曲紹介のポップを作成します。

授業プラン　　アクティブ・ラーニングのポイント

準　備　第6学年の音楽の教科書，「われは海の子」と「箱根八里」の音源，各自色鉛筆やフェルトペンなど。右ページは2曲記入できるようになっているが，児童の希望をあらかじめとらえて，2種類を別の用紙にプリントしておくのもお勧めである。

進め方　「われは海の子」の音源を聴き，教材曲に出合わせる。歌詞を音読したのち，文語体を教師が解説して，情景をイメージできるようにする。再度，音源を聴く。同じように「箱根八里」も歌詞の内容が分かったうえで聴けるようにする。どちらか好きな方を選んで，CDショップの店員になったつもりで，お客様に紹介するポップを作成する。手順はワークシートに書かれた通り。作成後，生活班の中で見せ合ったり，掲示してそれぞれの工夫を学び合ったりする。この学習後，2曲とも歌唱教材として，情景をイメージして歌う学習につなげることもできる。

歌詞を味わって日本の曲のよさを
ポップにしましょう

年　　組　　名前

　「われは海の子」も「箱根八里」も日本のすばらしい風景を感じ取ることができる名曲です。CD屋さんになったつもりで，ポップを作りましょう。
〈進め方〉①「われは海の子」と「箱根八里」のどちらを紹介するか決める。②曲名を書き入れる。③ぬり絵をする。④歌詞や歌詞に合ったイラストを追加する。⑤紹介文を書く。

世界　高学年

43 サーフィン USA

バックコーラス体験をし，よさを紹介する

この活動で身に付く力　「Woo」や「Inside Outside USA」などのバックコーラスを口ずさんで聴くことで拍の流れに乗る力や音の重なりや旋律を聴き分ける力が身に付きます。

楽曲解説

　「サーフィンUSA」は，1961年にアメリカで結成されたロックバンドのザ・ビーチ・ボーイズが1963年に歌い，大ヒットしました。村上春樹さんの小説『ダンス・ダンス・ダンス』（講談社，1988年）では，主人公の「僕」が，物語の主要な人物である少女ユキと車の中で音楽を聴きながら少しずつ仲良くなって，この「サーフィンUSA」にバックコーラスを一緒に付けるシーンがあります。2分30秒程度の短い曲です。繰り返し聴くことで歌詞カードも楽譜も無しで，バックコーラスを聴き取り口ずさめます。

　音源はライブのものですと聴衆の声でコーラスが聴き取りにくいので，スタジオ録音のものがよいでしょう。

授業プラン　　アクティブ・ラーニングのポイント

準　備　スタジオ録音の「サーフィンUSA」の音源，ワークシート

進め方　アクティブ・ラーニングのポイントは，「サーフィンUSA」のバックコーラスである「Woo」や「Inside Outside USA」を口ずさみながら聴くことである。そのために，どのようなバックコーラスが聴こえてくるかをメモするように促す。その後，児童に聴こえた声を尋ねると，「ウー」や「ユーエスエー」あるいは「いっさいあっさいユーエスエー」などと発言するかもしれない。「よく聴こえましたね」などのように肯定的に受け止める。友達の意見を聴いて，再度聴くと多くの児童に聴こえてくるようになる。間違ってもよいので，「Woo」や「Inside Outside USA」を音源と一緒に口ずさんで楽しんだ後に，「サーフィンUSA」の楽しいところを紹介する文を書く。

「サーフィンUSA」のすてきなところを紹介しましょう

　　　　　　　　年　　組　　名前

1 「サーフィンUSA」を聴いて，どんなバックコーラスが聴こえてくるかメモしましょう。

2 音楽を聴きながらバックコーラスを口ずさんだ感想を書きましょう。

3 「サーフィンUSA」の楽しいところを紹介する文を書きましょう。メロディーやバックコーラスの他，楽器やリズムについても気付いたことをたくさん書きましょう。

世界　高学年

44 スウィート・リトル・シックスティーン　ジョニー・B・グッド

ヒット曲の作者に送るつもりで感想を手紙形式で書く

この活動で身に付く力　「サーフィン USA」と聴き比べて魅力の違いをとらえる力が付き，心に残る曲はそのままや編曲されて世の中に広まっていくことを知ります。

楽曲解説

「サーフィン USA」は，チャック・ベリー（アメリカ，1926-）が1958年に発表した「スウィート・リトル・シックスティーン」をもとに作られました。「サーフィン USA」でバック・コーラスを付けた経験をもとに，「スウィート・リトル・シックスティーン」を聴き，それぞれの魅力を言葉にします。

また，「ジョニー・B・グッド（Johnny B.Goode）」は同じく1958年に発表された曲で，ギターの上手な男の子の名前が曲名です。大ヒットしました。ジョニーを応援する気持ちでコーラスの「Go！Go！」を口ずさんでみましょう。どちらの曲も含まれている CD が流通しています。

授業プラン　　アクティブ・ラーニングのポイント

準　備　プラン❹の「サーフィン USA」にバック・コーラスをつける経験をしておく。「スウィート・リトル・シックスティーン」と「ジョニー・B・グッド」の音源。ワークシート。

進め方　「サーフィン USA」と「スウィート・リトル・シックスティーン」を聴き比べて，それぞれの魅力を言葉にする。その時に，１２３４｜１２３４の偶数拍（裏拍）で手拍子をするなど，ポピュラー音楽にふさわしいノリ方をするとよい。ここでは，人々の心に残る音楽は編曲されて広まることを知識として伝えておく。次に，同じくチャック・ベリーが作った曲である「ジョニー・B・グッド」を聴き，バック・コーラスの「Go！Go！」を口ずさむ。チャック・ベリーのヒット曲２曲に親しんだうえで，どのように思ったかをチャック・ベリーさんへのお手紙にする。

チャック・ベリーの曲を聴いて
お手紙を書きましょう

　　　　　　　　　年　　組　　名前
　　　　　　　　―――――――――――――――――

1 手拍子をしながら,「サーフィンUSA」とチャック・ベリーの「スウィート・リトル・シックスティーン」を聴き比べ,気付いたことや感じたことを書きましょう。

```
┌─────────────────────────────────────┐
│                                     │
│ ----------------------------------- │
│                                     │
│ ----------------------------------- │
│                                     │
│ ----------------------------------- │
│                                     │
└─────────────────────────────────────┘
```

2 音楽を聴きながらジョニーを応援するつもりでバック・コーラスの「Go！Go！」を口ずさみましょう。

3 50年以上も世界中の人に愛されている音楽を作っているチャック・ベリーさんにお手紙を書きましょう。「スウィート・リトル・シックスティーン」や「ジョニー・B・グッド」を聴いたり,バック・コーラスを付けたりしたことをふまえて書くと書きやすいですね。

```
┌─────────────────────────────────────┐
│ チャック・ベリーさんへ              │
│ ----------------------------------- │
│                                     │
│ ----------------------------------- │
│                                     │
│ ----------------------------------- │
│                                     │
│ -----------------------------  より │
└─────────────────────────────────────┘
```

世界 | 高学年

45 Imagine

歌詞と曲想から平和を考える

この活動で身に付く力　「Imagine」の歌詞と曲想から，世界中で歌われている理由を考え，自分自身の望ましい言動につなげます。

楽曲解説

「イマジン」はジョン・レノン（イギリス，1940-1980）が作詞・作曲しました。ビートルズ解散後に発表し，大ヒットした曲です。世界の平和を願い，「Imagine（想像してごらん）」という曲名にもなっている歌詞から歌が始まります。

指導に当たっては，美しい旋律とゆったりとした速さで世界平和への願いが歌われていることに気付かせましょう。

授業プラン　アクティブ・ラーニングのポイント

準備　ビートルズの掲示用画像と有名な数曲の音源（例：「Help」「Yesterday」「Hey Jude」「All You Need Is Love」など）。「Imagine」の音源と映像。「Imagine」の歌詞の内容を説明できるようにしておく。なお，映像は「イマジン」で検索すると多数ヒットする。

進め方　テレビ等で頻繁に用いられている「Help」を流し導入とするとよい。ビートルズの画像と教師の説明から，伝説的なロックバンドであることを知る。何曲か聴いて，気付いたことや感じたことを書いたり発言したりする。次に「イマジン」の映像を見る。世界中で歌われている理由をグループで考えたり，今の自分はそのために何ができるかを考えたりする。「イマジン」をBGMにして，今，自分ができることを順番に発表する。（例：「まず自分の身近な人と仲良く過ごすことが大切だと思う。友達を大切にしたい。」「社会科で，日本が世界平和に貢献していることを習ったので，もっとそのことを調べていきたい。」「将来，人の役にたつ仕事に就きたいので，そのために今できることを一生懸命頑張る。」など）

想像してみましょう,平和な世界を。考えてみましょう,そのためにできることを。

　　　　　　　　年　　組　　名前

1 ビートルズは1960年代に活躍し,今なお,愛されているロックバンドです。有名な曲を何曲か聴いて,気付いたことや感じたことを書きましょう。

```
------------------------------------------------
------------------------------------------------
```

2 ビートルズは1970年に解散しました。メンバーの1人だったジョン・レノンさんが作った平和を願う歌,「イマジン」は世界中で歌われています。曲や歌詞から,なぜ世界中で歌われているかグループで考えてみましょう。

```
------------------------------------------------
------------------------------------------------
```

3 平和な世界を想像し,そのために自分は今,何ができるかを考えてみましょう。

```
------------------------------------------------
------------------------------------------------
```

4 「イマジン」をBGMにして,↑**3**番を発表しましょう。

アニメなど　高学年

46 OLA!!

歌詞と曲想から特徴を明らかにして聴く

この活動で身に付く力　身近なアニメソングを部分に分けて聴くことで，音楽表現の豊かさに気付き，言葉で表す力が付きます。

楽曲解説

　人気デュオグループゆずの歌う「OLA!!」は，2015年公開のクレヨンしんちゃんの映画『オラの引越し物語　サボテン大襲撃』のエンディング曲です。作詞・作曲はゆずのリーダーの北川悠仁さんで，アレンジに前山田健一さん（ヒャダインとしても有名）が参画しています。映画の物語がメキシコへの引っ越しということで，メキシコの公用語であるスペイン語と日本語の掛け言葉が出てきます。楽器はバイオリンが重要な旋律を演奏し，マリンバ，ジャンベ，コンガ，ケーナ，チャランゴなどにより，南米の雰囲気を醸し出しています。Aメロ，Bメロ，サビのCメロ，楽器だけの間奏を意識して，声の重なりや問いと答え，楽器のよさなどを聴き取ります。

　掛け言葉の例：スペイン語の気軽な挨拶「オーラ」としんちゃんが自分のことを示す「オラ」，スペイン語の「行け！」「いいぞ！」のような「オーレ」という掛け声と日本語の「俺」など。

授業プラン　　アクティブ・ラーニングのポイント

準　備　「OLA！！」の音源と映像。映像はYouTubeの「ゆずチャンネル」で公開している。（https://www.youtube.com/watch?v=Hx045zhgiqI）演奏風景と実際の楽器は異なっているので注意しよう。映画のエンディングを見せる場合は，アニメに注目しがちなので，いずれも導入のみ使用がよい。

進め方　導入として，映像を見て教材曲を知る。音源を聴き，曲想の変化する部分ごとに聴き取る。ゆずが「重なって歌う」ところ，「問いと答えのように歌う」ところ「間奏の特徴的な楽器」などを聴き分けて曲の特徴を言語化する。発表し合って多様な意見や感想を知る。何度か聴いて，特にお気に入りの特徴を紹介文にする。

クレヨンしんちゃんの映画の曲「OLA!!」の魅力を聴き取りましょう

年　　　組　　　名前

1 聴きながら，気付いたことや気に入ったことをメモしましょう。

	メモ
君に会えてよかった （歌詞の入った前奏）	
なんでこんな日に限って　アンタって っていうか　こっちだって色々都合があんだって こんなはずじゃなかったのに　サボテンの棘まみれ	Aメロ
ほんの（どうして）少し（ついつい） 掛け違えた（いつも）ボタンが（あちゃぁ） 後戻りできない　後悔先に立たず もういいだろ　素直になんなよ	Bメロ
OLA！　君の声が　ほら聞こえたんだ だからまたここへ　帰ってきたよ ちょっと照れるけど　今日は勇気出して言うから OLE！　君に会えてよかった （間奏）	Cメロ
変なとこばっか似ちゃって（パニック×2）んでもって パッとしない日常でも（踊っちゃおう×2）でチャオ まだかなマラカス⁉	A'メロ
どんな（なんでも）時も（かんでも） わかり合って（いつも）いたのに（あれ？） すれ違いが増えて　意地はってばかり もう一度　思い出しなよ	Bメロ
空　見上げたなら　あの微笑みが 心の真ん中に　浮かんで見えた 待って　そこにいてね　ずっと言えなかったありがとう 急げ　君に会いにいくよ （長めの間奏）	Cメロ
つまんなくしてんのは自分だった もういいかい　もういいよ　アミーゴ	A"メロ
OLA！　君の声が　ほら聞こえたんだ だからまたここへ　帰ってきたよ ちょっと照れるけど　今日は勇気出して言うから OLE！　君に会えてよかった	Cメロ
Oh lalala　お互い様に　ありがとう Oh lalala　もう一回言うよ　君に会えてよかった だれ？　俺！	C'メロ

2 特に気に入ったところを紹介しましょう。

アニメなど　高学年

47 友達なのに

楽器の音色を聴き取るチャレンジをする

この活動で身に付く力　これまでに学んできた様々な楽器の音色が，脇役としても活躍しているのに気付けるか。ちょっとしたチャレンジをどうぞ。

楽曲解説

　この歌は，1994年公開の映画『ドラミちゃん　青いストローハット』の主題歌です。バロック時代の大作曲家バッハやヘンデルなどが書いた「アリア」という曲の様式で書かれています。バロック時代というのは，西洋の1600年から1750年くらい，日本では徳川家康から八代将軍吉宗くらいまでです。そんな時代の外国の音楽様式が，ドラえもんの映画のために使われて人の心を和ませるなんて，何だか面白いですね。

　さて「アリア」の話ですが，歌詞はしみじみとした内容で，幾つかの段落からできています。歌の旋律はすごく盛り上がる山場があるというのではなく，段落が変わると共に繰り返しが多く淡々と進みます。むしろ楽器が声と同格の重みをもち，歌とは別の旋律を協奏する（その旋律をオブリガートと言います）のが素敵な特徴です。

　この歌では，低音のチェロが折り目正しく ♩♩♩♩ のリズムを保ち続け，他の旋律を支えます。そして KUKO さんの優しい歌声に，オーボエ，リコーダー，バイオリンのオブリガートが絡み合うのですが，それらの音色は，「白鳥」「ピーターとおおかみ」などいくつかの曲で聴いています。気付けたら素晴らしいです！

授業プラン　　アクティブ・ラーニングのポイント

準備　「友達なのに」の音源。右ページのワークシート。「ピーターとおおかみ」を聴いておくとよい。

進め方　映画『ドラミちゃん　青いストローハット』の曲であること，2種類のクイズを解くのが課題であることを伝え，ワークシートに沿って展開する。ペアや小グループでの協力を，実情に合わせて適宜取り入れる。

「友達なのに」で音色クイズをしましょう

年　　組　　名前
＿＿＿＿＿＿＿＿＿＿＿＿＿＿＿＿＿

1 「友達なのに」を聴(き)いて、すてきだなと感じるところはありましたか。お友達と話してから、書いてみましょう。

```
┌─────────────────────────────────────┐
│                                     │
│ ─ ─ ─ ─ ─ ─ ─ ─ ─ ─ ─ ─ ─ ─ ─ ─ ─ ─ │
│                                     │
└─────────────────────────────────────┘
```

2 かくれている音色を見つけましょう。

「友達なのに」は、KUKOさんという人が歌っています。でも、聞こえてくる旋律(せんりつ)が、ほかにもありませんか？ 聴きながら、質問に答えてみましょう。

①	歌の始まる前に、前そうがあるのが（わかった　わからない）
②	前そう（歌が始まる前）に出てくる楽器は、チェンバロの他は 　　　　　　　　　　（1種類　2種類　3種類）だと思う。
③	一番はじめに音を出している弦楽器(げんがっき)は （かなり高い音　かなり低い音）に聞こえます。
④	③の楽器の名前は何でしょう。大きな楽器です。 ヒント：「白鳥」という曲　□
⑤	二番目に音を出す楽器が、歌の初めから終わりまで、よく聞こえてきます。これは、「ピーターとおおかみ」に出てきました。 （小鳥　アヒル　おおかみ）の楽器　□　です。
⑥	あと2つ、楽器がかくれています。もしわかったらスゴイです！ 1つ目　ヒント③と家族。形が大体同じ。　□ 2つ目　ヒント「みあげたら」「手をふれば」「かえりみち」 　　　　という歌詞のところで聞こえる高い音。 　　　　みんなもふいたことがありますね。　□

アニメなど　高学年

48 カントリー・ロード

原曲とアニメのシーンを比較聴取する

この活動で身に付く力　原曲と編曲の違いを聴き分けて，音楽の特徴を踏まえながらそれぞれの魅力を紹介する力が身に付きます。

楽曲解説

「Take Me Home, Country Roads」はアメリカのシンガーソングライターであるジョン・デンバー（1945-1997）がビル・ダノフ，タフィー・ニバートと1971年に作詞・作曲しました。「故郷に帰りたい」と訳され親しまれています。1995年のスタジオジブリ作品「耳をすませば」では，オープニング曲として「故郷に帰りたい」をオリビア・ニュートンジョンが歌っています。また，主人公がこの曲に作詞した想定で，主題歌「カントリー・ロード」が重要な場面で使われています。ここでは，①ジョン・デンバーの演奏，②「耳をすませば」で「カントリー・ロード」を登場人物の天沢聖司と月島雫がヴァイオリンと歌で演奏しているところに，地球屋の主人と友人たちが帰宅して，アンサンブルする場面を視聴します。

授業プラン　アクティブ・ラーニングのポイント

準備　ジョン・デンバーの演奏映像と「耳をすませば」の地球屋でのアンサンブルの映像。事前に社会科で地球儀などを用いてアメリカ大陸の場所と名称を学んでおく。サビの部分を歌うので，その部分を教師が英語で歌えるようにしておく。

進め方　「Take Me Home, Country Roads」を手拍子しながら聴く。歌詞にウェストバージニア州が出てくるため，社会科で学んだアメリカ大陸を思い出し，ウェストバージニア州の位置を地球儀や地図などで確認して親しみをもつ。次にサビの部分を何度か聴きながら覚え，歌えるようにする。ジョン・デンバーの演奏とともに，サビを一緒に歌って曲のよさや楽しさを実感する。よい曲はアレンジされて広まる例として，「耳をすませば」のセッション場面を視聴し，楽器の重なりなどの面白さをとらえて紹介文を書く。

「カントリー・ロード」のよさを紹介しましょう

　　　　　　　　年　　組　　名前

1 「Take Me Home, Country Roads」のよさを聴き取りましょう。

(1) ジョン・デンバーの「Take Me Home, Country Roads」は，1971年に作曲され，大人気になり多くの歌手がカバーしています。ウェストバージニアを歌っているため，2014年にアメリカのウェストバージニア州の州歌になりました。

(2) サビの部分を一緒に歌いながら聴いてよさを味わいましょう。

「Take Me Home, Country Roads」のすてきなところを書きましょう

2 「カントリー・ロード」のよさを聴き取りましょう。

　アニメ「耳をすませば」では，「Take Me Home, Country Roads」を原曲とした「カントリー・ロード」が物語の中で重要な音楽です。ヴァイオリン職人を目指す天沢聖司くんと主人公の月島雫さんがヴァイオリンと歌で演奏しているところに，聖司くんの祖父とその友人が帰宅してアンサンブルする場面のよさを紹介しましょう。

原曲との違いや楽器が重なっていく面白さなどに注目しましょう！

　（演奏は歌とヴァイオリンにヴィオラ・ダ・ガンバ，リュート，タンブリンが加わります。タンブリンの人は古楽器のコルネット，リコーダーと次々に楽器を持ちかえます）

アニメなど　高学年

49 私のお気に入り

原曲とジャズ・アレンジを比較聴取する

この活動で身に付く力　原曲と編曲の違いを聴き分けて，好きな方を音楽の特徴を踏まえながら自分の言葉で紹介する力が身に付きます。

楽曲解説

「私のお気に入り」はミュージカル映画『サウンド・オブ・ミュージック』の中の1曲です。主人公マリアが家庭教師として赴任したトラップ一家の子どもたちはマリアになつきません。しかし，夜に雷鳴におびえてマリアのベッドルームに飛び込んできます。安心させるようこの歌を歌います。JR東海が1993年から「そうだ　京都，行こう」キャンペーンにおいて毎年様々な編曲で用いていることでも知られています。また，高校生の物語であるアニメ『坂道のアポロン』で，仲たがいしていたピアノの薫とドラムの千太郎がこの「私のお気に入り」をセッションしてお互いの大切さを知る場面でも使われます。

授業プラン　アクティブ・ラーニングのポイント

準備　教師は『サウンド・オブ・ミュージック』と『坂道のアポロン』のあらすじを知っておく。JR東海の「そうだ　京都，行こう」のCM映像，『サウンド・オブ・ミュージック』の「私のお気に入り」の場面の映像，『坂道のアポロン』第7話の文化祭の場面の映像。ワークシート。

進め方　本時の教材に出合わせるために児童にCM映像を見せ，初発の感想をとらえる。『サウンド・オブ・ミュージック』で「私のお気に入り」を歌う場面を見せ，次に『坂道のアポロン』第7話の文化祭の場面の映像を見せそれぞれの素敵なところ探しをする。いずれの映像も登場人物やどのような場面かについて説明をする。何度か見た後に，「ラジオの音楽番組でナビゲーターをしているつもりで，曲紹介の原稿を書く」よう促す。その際，原曲と『坂道のアポロン』のどちらかお気に入りの方を選んで，映像ではなく音だけを聴く人をイメージしながら紹介文を書く。

お気に入りの「私のお気に入り」を紹介しましょう

年　　組　　名前
_____

1 CMを見て思いついたこと，感じたことなどを発言しましょう。

2 ミュージカル映画『サウンド・オブ・ミュージック』の中の「私のお気に入り」は，すてきな曲なので1番のように，いろいろなアレンジで広まっています。映画を見て，すてきなところをたくさん探して書きましょう。

```
_____
                                                 
_____
```

3 アニメ『坂道のアポロン』でも，ジャズにアレンジされて使われています。ピアノの薫とドラムの仙太郎が仲たがいしていたときに，この曲を一緒に演奏して仲直りします。すてきなところをたくさん探して書きましょう。

```
_____
                                                 
_____
```

4 すてきなところがたくさん見つかったところで，「音楽番組のラジオのナビゲーターになったつもり」で2番と3番のどちらか好きな方の「私のお気に入り」の紹介をしましょう。説明を聞いて，その曲を聴きたいと思ってもらえるように紹介しましょう。

紹介する曲は　原曲の／坂道のアポロンの　「私のお気に入り」です
```
_____

_____
```

第2章　アクティブ・ラーニングでつくる鑑賞授業プラン50

アニメなど　高学年

50 真田丸のテーマ曲
時代や人物をイメージして聴く

この活動で身に付く力　映像作品において音楽が重要な役割をもっていることに気付いて聴く力が付きます。

楽曲解説

　半世紀以上の歴史のあるNHKの大河ドラマですが，舞台となった場所が人気観光スポットになるなど，社会的に大きな影響があります。そしてオープニングテーマは，優れた作曲家が担当していて，どの作品も鑑賞教材となるよさがあり，オープニングテーマ曲ですので，小学生が聴きやすい長さです。ここでは，2016年の大河ドラマである「真田丸」を例にして，時代や人物をイメージしながら服部隆之氏の作品を聴きます。

授業プラン　　アクティブ・ラーニングのポイント

準備　「真田丸」のオープニングテーマの音源またはドラマのオープニング映像。社会科で「織田・豊臣・徳川の天下統一」について扱っておく。特に関ヶ原の合戦や大坂夏の陣について基礎知識を伝えておく。

進め方　「真田丸」のオープニングテーマ曲の冒頭を聴かせ，何の曲か児童に発言させる。「真田丸」が出なくても，どのような感じがしたかを発言させるとよい。ワークシートを配り，大河ドラマの「真田丸」オープニングテーマ曲であることを確認する。社会科で学んだ戦国時代と天下統一について復習する。その中で，真田信繁について徳川軍を悩ませた優れた武将であったことや大坂夏の陣で惜しくも戦死したことなどを説明する。テーマ曲のはじめ30秒くらいを繰り返し聴き，特徴的な旋律を鍵盤ハーモニカで弾く体験をする。この旋律はヴァイオリンのソロだけでなく合奏部分にも出てくるため，なじんでおくと曲全体の特徴がとらえやすい。繰り返しテーマ曲の全体を聴いて，出だしの部分や鍵盤ハーモニカで弾いた旋律，曲想が明るい感じになるところ，特徴的な旋律が出てくるところなどを手掛かりにして，時代や人物をイメージしながら感想を記入する。

時代や人物をイメージしながら「真田丸のテーマ曲」を聴きましょう

　　　　　　　　年　　組　　名前 _____

1 真田幸村として知られている主人公の真田信繁(のぶしげ)について知りましょう。

戦国武将の生没年と紋		
織田信長	1534————————1582	❀
豊臣秀吉	1537——————1598	♣
徳川家康	1543————————1616	⊙
真田信繁	1567————1615	⁝⁝

真田信繁について
　信濃(しなの)上田城主の真田昌幸(まさゆき)の次男です。関ヶ原の戦の後,父と共に高(こう)野山麓(やさんろく)の九度山(くどやま)に退去します。大坂冬の陣で大坂城に入り,徳川軍をなやませますが,大坂夏の陣で戦死しました。

2 何回も出てくるメロディを鍵盤(けんばん)ハーモニカで弾いてみましょう。

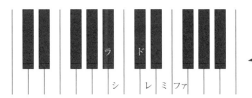

シラシドレー
ラシドレドシラ
シーーーーーーーファ

シラシドレー
ラシドレミレド
シーーーーーーファ

3 「真田丸」のオープニングテーマ曲を聴いて,気付いたことや感じたことを書きましょう。(①時代や人物をイメージして聴きましょう②曲の感じが変わるところでどのようにイメージが変化したかを書きましょう)

付　録
おもしろ楽器クイズ
＆ 音楽○×クイズ

　次ページからご紹介するのは，楽しく音楽クイズができるコーナーです。先生から出されたおもしろい問題を考えたり，友達と一緒にいろいろ意見を出し合ったりすることは，答えが合っていてもいなくても，笑顔とともに思い出に残るはず。授業の導入に，そしてスキマ時間に活用しておおいに楽しんでください！

付録

おもしろ楽器クイズ (^^♪

年　　組　　名前

この楽器なぁに？

それぞれの楽器を見て，名前を答えましょう。

ヒント
形はオルガン，音は鉄琴！という楽器だよ。

音楽〇×クイズ〜♪

年　　組　　名前
_____

　名前が分かったところで、それぞれの楽器の「おもしろ〇×クイズ」をしましょう。間違っても大丈夫！

① フルートは、昔は動物の骨でつくられました。
② オーボエは「大きく吠える」からオーボエといいます。
③ クラリネットが発明されたのは1000年くらい前です。
④ ファゴットはとても長いので、一部の穴は足でおさえます。
⑤ ピカピカのサクソフォーンは、サックスさんという人が作りだしました。実は木管楽器です。
⑥ ホルンの管をまっすぐに伸ばすと、1メートルくらいあります。
⑦ トランペットは管をまっすぐに伸ばした形のものがあります。
⑧ シロフォンは白田（しろた）さんという日本人が作りだした楽器です。
⑨ ティンパニはドとソの音だけが出せます。
⑩ ピアノにはふつう88本の鍵盤があります。
　　黒44本、白44本です。
⑪ オーケストラで使われるハープには7本もペダルがあり、弾くのにはかなりの足わざが必要です。
⑫ チェレスタはバレエの音楽に使われて世界中に広まりました。
⑬ バイオリンの仲間の弦は、どれも5本です。
⑭ 沖縄の楽器、三線（さんしん）は、沖縄にたくさんいるニシキヘビの皮を張ってあります。
⑮ こと（箏）には13本弦が張られています。この13本は、順番に、少しずつ太さが違っています。

解答

おもしろ楽器クイズ(^^♪の答え

① フルート　　② オーボエ　　③ クラリネット　　④ ファゴット
⑤ サクソフォーン　⑥ ホルン　⑦ トランペット　⑧ シロフォン
⑨ ティンパニ　⑩ ピアノ　⑪ ハープ　⑫ チェレスタ
⑬ バイオリン　⑭ 三線　⑮ こと

音楽○×クイズ～♪の答え

① ○　大昔は動物の骨を笛にしていて、それがフルートのご先祖様です。
② ×　オーボエは高い音の木というフランス語です。
③ ×　300年くらい前に発明された楽器です。
④ ×　立ってファゴットを吹いている映像を見るとすぐ分かります。
⑤ ○　楽器の材質ではなく音が出る仕組みで金管楽器と木管楽器は分かれています。サクソフォーンは、リードを振動させるので、木管楽器です。
⑥ ×　ホルンは3メートル75センチあります。
⑦ ○　サッカーの入場曲で使われているヴェルディ作曲オペラ「アイーダ」の「凱旋行進曲」で使われるために作られました。長く伸ばした管に旗をつりさげて使うこともあります。
⑧ ×　シロフォンはxylophoneと書き、木琴と訳されることが多い楽器です。ギリシア語のxylon(木材)が由来です。
⑨ ×　ティンパニは音の高さが変えられる打楽器だからいろいろな高さが出せます。

| ⑩ | × |

88鍵盤は正解なのですが,白と黒の数は? たとえばドから上がってシまでの12本の鍵盤を調べましょう。(この範囲を1オクターブと言います)白と黒の割合は?
なお,ベーゼンドルファー社のピアノの中には97鍵盤のものも作られています。

| ⑪ | ○ |

踏み込むと音が半音上がります。2段階踏み込むことができます。右足が「ミ・ファ・ソ・ラ」の4本のペダルを,左足が「レ・ド・シ」の3本のペダルを操作します。かなりの足技は必要です。

| ⑫ | ○ |

チャイコフスキーがとても気に入って,バレエ「くるみ割り人形」の「こんぺい糖の踊り」で使い,世界中に広まりました。

| ⑬ | × |

バイオリン,ビオラ,チェロは4本,コントラバスは4本と5本のものがあります。

| ⑭ | ○と× |

答えが2つでごめんなさい。三線はニシキヘビの皮を使っていますので○です。でもニシキヘビは沖縄にはいませんのでそれは×です。皮をアジアから輸入しています。なお,最近はヘビ柄をプリントした合成皮革の楽器もあります。

| ⑮ | ○と× |

答えが2つでごめんなさい。江戸時代から栄えた「こと」は13弦が一般的なので○です。例外として,「春の海」の作曲者である宮城道雄が開発した17弦のことがあり,低音が充実しています。
弦の黄色は,ウコン(ターメリックとも呼ばれる)という植物から取れる色。カレー粉にもウコン(ターメリック)が混ざっているので,カレーも黄色くなるのです。ことの弦を「カレー粉で染める」わけではないので×です。

付録 おもしろ楽器クイズ&音楽○×クイズ

【著者紹介】

阪井 恵（さかい めぐみ）

東京芸術大学楽理科卒業，同大学院音楽研究科修士課程，博士後期課程修了。学術博士。明星大学教育学部教授。音楽の聴取，理解について論文多数。「音色」の感受メカニズムの解明，「音色」の指導法にも取り組んでいる。主な著作物に『初等音楽科教育法』『五線譜の約束』（共著，明星大学出版部），『みんなで「音」を聴いてみよう』（企画制作，JSPS科研費24531155の助成による教材DVD），『導入・スキマ時間に楽しく学べる！小学校音楽「魔法の５分間」アクティビティ』（共著・明治図書）など。

酒井美恵子（さかい みえこ）

国立音楽大学音楽学部器楽学科ピアノ専攻卒業。東京都の公立中学校の音楽科教諭及び指導主事を経て現在，国立音楽大学准教授。主な著書に『中学音楽が魅力的に変わる！授業プランの新モデル24　第１学年編』『同30　第２・３学年編』『リトミックでつくる楽しい音楽授業』『「音楽づくり」成功の授業プラン』『「創作」成功の授業プラン』『プロの演奏でつくる！「日本・アジアの伝統音楽」授業プラン』『導入・スキマ時間に楽しく学べる！小学校音楽「魔法の５分間」アクティビティ』（共著・明治図書）など。

本文イラスト　木村美穂

音楽科授業サポートBOOKS
音楽授業でアクティブ・ラーニング！
子ども熱中の鑑賞タイム

2017年１月初版第１刷刊	ⓒ著　者	阪　井　　　　恵
		酒　井　美　恵　子
	発行者	藤　原　光　政
	発行所	明治図書出版株式会社

http://www.meijitosho.co.jp
（企画）木村　悠（校正）広川淳志
〒114-0023　東京都北区滝野川7-46-1
振替00160-5-151318　電話03(5907)6702
ご注文窓口　電話03(5907)6668

＊検印省略　　　組版所　株式会社アイデスク

本書の無断コピーは，著作権・出版権にふれます。ご注意ください。
教材部分は，学校の授業過程での使用に限り，複製することができます。

Printed in Japan　　　ISBN978-4-18-159820-4
JASRAC 出 1613734-601

もれなくクーポンがもらえる！読者アンケートはこちらから →